SOCIÉTÉ DE GÉOGRAPHIE DE TOULOUSE

CONGRÈS NATIONAL

DES

SOCIÉTÉS FRANÇAISES DE GÉOGRAPHIE

5e SESSION

TOULOUSE, AOUT 1884

COMPTE-RENDU DES TRAVAUX DU CONGRÈS

TOULOUSE

SECRÉTARIAT DE LA SOCIÉTÉ DE GÉOGRAPHIE

35 — RUE DES BALANCES — 35

—

1884

SOCIÉTÉ DE GÉOGRAPHIE DE TOULOUSE

CONGRÈS NATIONAL

DES

SOCIÉTÉS FRANÇAISES DE GÉOGRAPHIE

7 SESSION — TOULOUSE, AOUT 1884

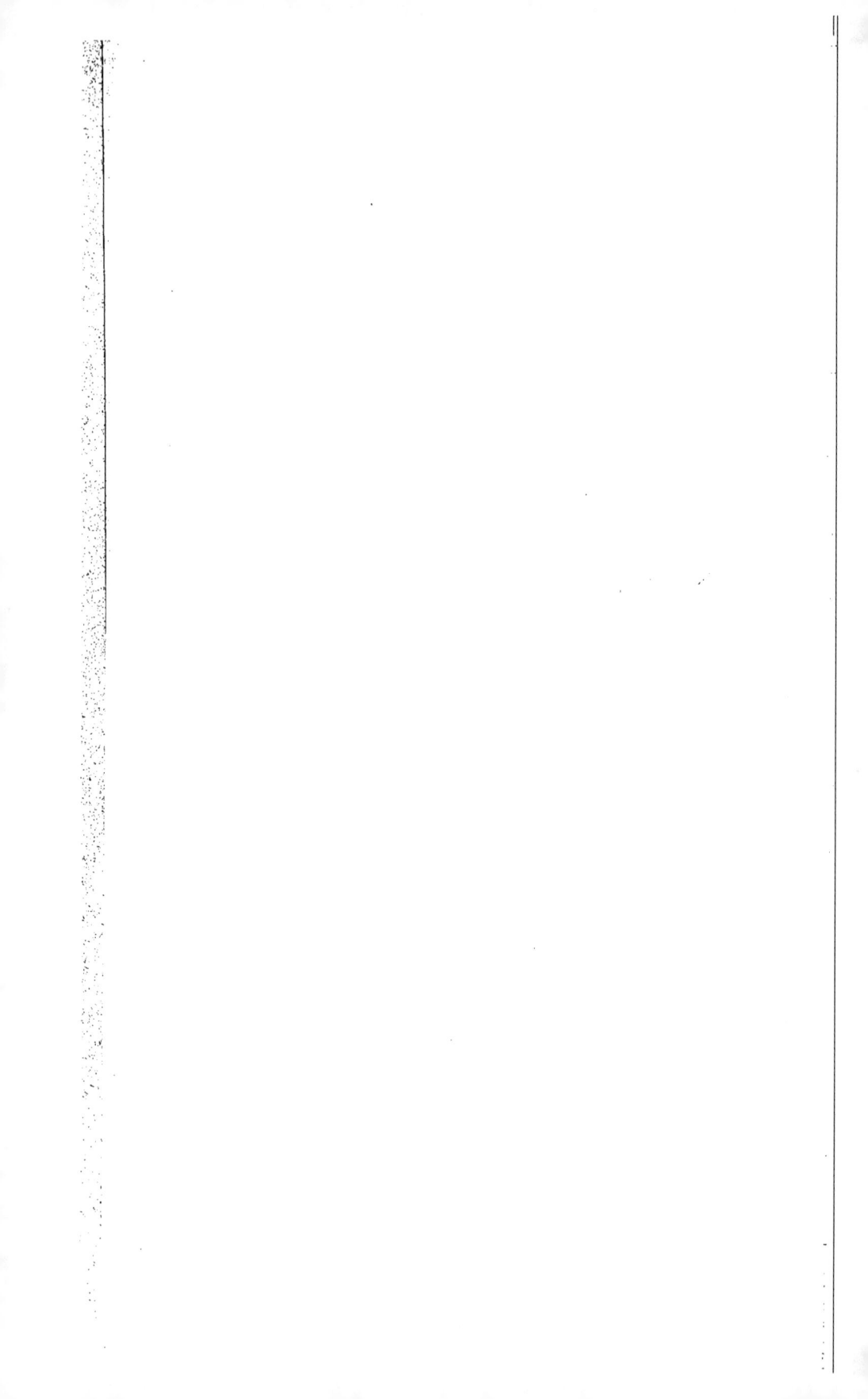

SOCIÉTE DE GÉOGRAPHIE DE TOULOUSE

CONGRÈS NATIONAL

DES

SOCIÉTÉS FRANÇAISES DE GÉOGRAPHIE

5e SESSION

TOULOUSE, AOUT 1884

COMPTE-RENDU DES TRAVAUX DU CONGRÈS

TOULOUSE

SECRÉTARIAT DE LA SOCIÉTÉ DE GÉOGRAPHIE

35 — RUE DES BALANCES — 35

—

1884

PROCÈS-VERBAUX SOMMAIRES DES SÉANCES

Séance solennelle d'ouverture du 3 août.

La séance est ouverte à trois heures.

M. OZENNE, président de la Société de Toulouse, occupe le fauteuil présidentiel, et prononce un discours dans lequel il rappelle les gloires de la cité toulousaine et souhaite, au nom de la Société, la bienvenue aux délégués.

Ce discours est vivement applaudi. M. Ozenne cède la présidence de l'assemblée à M. le colonel PERRIER, membre de l'Institut, président du VIIe Congrès géographique, qui prend à son tour la parole. Il retrace l'histoire de la science géographique, ses remarquables progrès, et s'applique spécialement à faire ressortir les principaux faits accomplis pendant l'année.

De nombreux applaudissements accueillent les paroles de M. le colonel Perrier. M. le commandant BLANCHOT, secrétaire-général, fait l'appel de MM. les délégués des Sociétés et les invite à venir prendre place sur l'estrade réservée.

Avant d'accorder la parole à ces Messieurs pour le compte-rendu des travaux de leurs Compagnies, M. le Président du Congrès donne à l'assemblée lecture d'une dépêche annonçant que le lieutenant de la marine américaine Schley, chargé de rechercher les survivants de l'expédition dirigée vers la baie de Lady Franklin par le lieutenant Greely, est rentré à New-York après avoir accompli heureusement sa mission. M. le colonel Perrier propose au Congrès d'adresser à M. Schicy et à ses compagnons un télégramme de félicitations.

Cette proposition est votée par acclamation, et le télégramme, aussitôt rédigé, est approuvé et expédié.

M. SCHŒLCHER, délégué de la Société de Paris, donne ensuite au Congrès un aperçu de la situation de cette Société qui a vu, en peu de temps, se tripler le nombre de ses membres.

M. A. PEGHOUX, délégué de la Société de Géographie commerciale de Paris, donne, en quelques mots, des détails intéressants sur le développement de cette Société et sur les récompenses qui ont été accordées tant à elle qu'à certains de ses membres, à la suite de voyages d'exploration.

M. Louis Desgrand, délégué de la Société de Géographie de Lyon, ne se présentant pas à l'appel de son nom, la parole est donnée à M. LANNELUC, délégué de la Société de Géographie de Bordeaux, qui présente un rapport sur les travaux de la Société depuis le dernier Congrès, et qui annonce que l'établissement d'un bureau nautique est sur le point de recevoir une solution favorable, que les ressources s'augmentent, ce qui a permis à la Société d'organiser de nombreuses conférences, tant à Bordeaux que dans les diverses sections. Il annonce, en outre, que la Chambre de commerce de Bordeaux a prorogé jusqu'en 1886 le prix de 10,000 fr. qu'elle accorde pour l'histoire du commerce de Bordeaux.

M. Paul ARMAND, délégué de la Société de Marseille, succédant à M. Lanneluc, remercie d'abord la Société de Géographie de Toulouse de sa généreuse offrande envoyée à celle de Marseille, pour les familles des cholériques de cette ville et de Toulon, offrande consistant dans la recette d'une de ses journées de l'Exposition, rendue aussi attractive que possible, et ayant permis d'envoyer 530 francs.

M. Armand expose ensuite la situation de sa Société, et insiste tout particulièrement sur les efforts qu'elle fait pour vulgariser la science géographique : cours populaires, conférences, prix dans les écoles, etc.

M. AURIOL, délégué de la Société Languedocienne, à Montpellier, dans son rapport, fait connaître notamment l'établissement par la Société d'un grand service météorologique régulier, au moyen des instituteurs, et la fondation de l'observatoire de l'Aigoual.

M. BARBIER, secrétaire-général et délégué de l'Union géographique de l'Est, Société de l'Est, expose tous les efforts qu'elle fait pour la diffusion des sciences géographiques. Il ajoute que la Société de Géographie de l'Est espère, cette année, inaugurer le monument élevé à la mémoire du docteur Crevaux, auquel toutes les Sociétés de Géographie ont souscrit.

M. le baron de SCHWERIN, délégué des Sociétés de Géographie de Suède, entre dans la salle et reçoit les souhaits de bienvenue que lui adresse M. le Président du Congrès. M. de Schwerin répond par quelques paroles gracieuses à la bienvenue et à l'accueil que lui font les Sociétés françaises.

M. HÉBRARD, délégué de la Société Franco-Hispano-Portugaise, présente la situation prospère de cette académie, et annonce qu'elle prépare une Exposition internationale prochaine dans le but d'accroitre encore entre la France, l'Espagne et le Portugal les rapports de commerce et de confraternité.

M. le commandant BLANCHOT, secrétaire-général et délégué de la Société de Toulouse, rappelle que cette Société, qui a à peine trente mois d'existence, compte plus de sept cents membres ; que ses relations sont fort étendues.

Le commandant Blanchot termine en remerciant les autorités qui ont favorisé l'Exposition, et principalement M. le Ministre de l'instruction publique, le conseil général de la Haute-Garonne et le conseil municipal de Toulouse, dont la généreuse subvention a assuré le succès de l'œuvre.

M. LE PRÉSIDENT du Congrès s'associe aux paroles de remerciement du commandant Blanchot, tout en exprimant le regret que le conseil municipal ne soit pas représenté à cette première séance du Congrès.

M. PERROUD, recteur de l'Académie de Toulouse, délégué de l'Union géographique du Nord, fait connaître qu'éloigné de la Société dont il est le représentant, il ne possède pas les éléments nécessaires à son compte-rendu, et demande que sa communication soit ajournée.

M. GAUTHIER LE LA RICHERIE, président et délégué de la Société de Géographie de Lorient, expose que sa compagnie, qui se compose de plus de 300 membres, s'efforce, par des concours, à stimuler chez les instituteurs et chez leurs élèves, le goût de la géographie.

Il énumère les nombreuses et intéressantes conférences faites, au sein de la Société, dans le courant de l'année, et parle des principaux travaux publiés par le Bulletin.

M. LLUCH DE DIAZ, consul d'Espagne à Toulouse, représentant les Sociétés de Géographie espagnoles, exprime au

Congrès la fraternelle sympathie des Sociétés espagnoles, en exprimant leur vif regret que les circonstances sanitaires ne leur aient pas permis de se faire plus directement représenter au Congrès.

M. TISSERAND, délégué de la Société d'Oran, expose que cette Société a, depuis six ans, vaincu les difficultés qui s'opposaient à son développement, et qu'elle espère faire ressortir les résultats de ses efforts devant le VIIIᵉ Congrès de Géographie, qui se réunira l'année prochaine dans la cité algérienne, et auquel il convie tous les membres présents.

M. MOURLON, délégué de la Société de Tours, expose que cette Société n'a encore que cinq mois d'existence, que ses débuts ont été consacrés à son organisation intérieure et à l'établissement de relations avec les Sociétés françaises et étrangères qui, toutes, lui ont témoigné beaucoup de bienveillance et d'intérêt. Au nom de ses trois cents collègues, il applaudit au succès de l'Exposition géographique de Toulouse ; il exprime leur ferme intention de jouer un rôle actif dans le mouvement scientifique qui passionne la France, de s'inspirer de l'exemple de leurs aînés et de marcher sur leurs traces, se montrant toujours dignes de leur sympathie.

L'heure étant déjà assez avancée et la musique se faisant entendre dans les jardins de l'Exposition où un monde élégant est réuni, le Congrès décide de lever la séance et de renvoyer au lendemain les comptes-rendus des délégués qui restent encore à entendre. Mais M. DRAPEYRON, délégué de la Société de Topographie à Paris, formule une protestation très nette à l'égard du rang qui lui a été assigné par l'ordre du jour parmi les Sociétés. Il demande, au nom de la Société qu'il représente, à être classé à son rang d'ancienneté d'origine parmi les Sociétés de Géographie. Comme cela a eu

lieu jusqu'ici dans les Congrès. Une discussion assez vive
s'engage à ce sujet. Plusieurs délégués font remarquer
que la Société de Topographie n'étant pas une Société
de Géographie, mais bien une Société qui n'embrasse qu'une
des parties de la science géographique, elle ne pouvait
qu'être classée à la suite des Sociétés de Géographie proprement dites.

M. Drapeyron combat cette opinion ; il dit que la topogra
phie étant une géographie de précision ne saurait être su-
bordonnée à l'autre.

La polémique engagée sur ce terrain pouvant se prolonger
sans donner satisfaction à la demande du délégué de la
Société de Topographie, en ce qui concerne cette question
d'ordre, M. le Président donne néanmoins la parole à M. Drapeyron, qui exprime le désir formel de ne pas voir renvoyer
sa communication au lendemain.

M. Drapeyron insiste sur l'importance des travaux de
la Société de Topographie, et sur son projet d'enseignement
de la lecture des cartes et de divulgation de la science topographique par la création d'une École nationale de Géographie.

A six heures et demie la séance est levée, et tous les membres du Congrès se répandent avec empressement dans les
galeries et les jardins de l'Exposition.

Séance du 4 août (matin).

Le procès-verbal de la séance solennelle d'ouverture est adopté après lecture.

M. FARGUES, délégué de la Société de Géographie de Nantes, demande la parole et expose à l'assemblée la situation et la marche des travaux de cette Société ; il déclare que la Société qu'il représente lui a donné mission de proposer Nantes pour la tenue du Congrès de 1886.

M. LOISEAU, délégué de la Société de Géographie de l'Ain, donne également des détails sur l'ensemble de la Société et les heureux résultats auxquels elle est parvenue.

M. LANGLOIS, délégué d'Oran, empêché par la quarantaine d'assister aux travaux du Congrès, fait parvenir l'expression de ses regrets.

M. Georges Renaud est désigné pour représenter au Congrès les Sociétés de Géographie de Rochefort et d'Oran.

M. BARBIER, délégué de la Société de Géographie de l'Est, demande à préciser, avant l'ouverture des discussions, les pouvoirs et le rôle des délégués ; il est décidé sur sa proposition, que les divers délégués d'une même Société devront choisir celui d'entre eux qui prendra part au vote.

M. ALLAIN, délégué de la Société d'Ethnographie, expose que sa Société a organisé un enseignement méthodique de l'Ethnographie destiné à éclairer les explorations et à appeler l'attention sur les colonies françaises pour amener vers elles le courant d'émigration.

M. Cartailhac se met à la disposition des membres du Congrès pour leur faire visiter la section d'anthropologie de l'Exposition.

M. Bouquet de la Grye offre de faire le soir même une communication au Congrès ; cette proposition est favorablement accueillie.

M. le Président prie M. le Secrétaire-général de faire connaître les dispositions prises à l'égard du jury qui doit juger les exposants.

M. le commandant Blanchot déclare que, conformément au désir exprimé par le Congrès de Douai, la Société de Géographie de Toulouse a déjà nommé un jury préparatoire qui a fonctionné et est prêt à se transformer en jury définitif par l'adjonction des délégués du Congrès.

Sur une observation de M. Barbier, délégué de la Société de Géographie de l'Est, le Congrès décide que les séances du jury ne se tiendront que l'après-midi, qui est réservée aux communications ne donnant lieu à aucune discussion.

MM. les Membres du Congrès sont ensuite ainsi répartis entre les différentes sections du jury :

MM. le colonel Schœlcher et Marquese, à la 1re Section (Topographie, Travaux manuscrits).

MM. Barbier, Feghoux, Renaud, à la 2e Section (Cartographie éditée).

MM. Pourcin, Salle et Montano, à la 3e Section (Dessins pittoresques, Photographies).

MM. Guillaumin et Schrader, à la 4e Section (Géologie).

MM. Loiseau, Sipiere et docteur Montano, à la 5e Section (Anthropologie).

MM. Gauthier de la Richerie, Lanneluc et Montano, à la 6e Section (Géographie médicale. Hydrologie).

MM. ALLAIN et RENAUD, à la 7e Section (Ethnographie).

MM. FARGUES, TISSERAND, ARMAND, DRAPEYRON et TURQUAN, à la 8e Section (Exposition scolaire).

M. CARTAILHAC demande que l'ordre du jour soit fait à l'avance pour être publié dans les journaux.

M. le commandant BLANCHOT répond que le secrétariat préparera les ordres du jour du matin et que le Congrès décidera de l'ordre dans lequel auront lieu les communications du soir.

MM. DRAPEYRON et GEORGES RENAUD se font inscrire pour prendre la parole dans l'après-midi.

L'ordre du jour pour le mardi 5 août est ainsi arrêté :

Matin à 8 h. 1/2, Séance de Section.

1° Conditions de la colonisation française ;

2° Dépopulation des plateaux calcaires de l'Aveyron au profit des terrains granitiques de l'Auvergne.

3° Des intérêts de la cartographie française dans la question d'un méridien initial unique.

Soir à 3 heures, Séance publique.

1° Communication de M. Fargues sur le canal de la Martinière ;

2° Communication de M. Barbier, au nom de M. Gallé, sur la réforme de l'organisation consulaire française ;

3° Communication de M. Drapeyron, au nom de M. Boulnoir, sur le Canal des Deux-Mers.

La séance est levée.

Séance du 4 août (soir).

Présidence de M. le colonel SCHŒLCHER;
Assesseur M. le baron SCHWERIN

M. Bouquet de la Grye fait un résumé rapide des conditions exigées pour la création d'un port maritime, et indique la nécessité de ne faire des travaux que dans les points où le fret est assuré par la production de la région ou par le trafic naturel de cette région avec celles qui entrent dans sa sphère d'action. Etudiant alors, au point de vue hydrographique, le fond du golfe de Lyon, il note le sens des courants qui se produisent à la mer en coup de vent du large et leurs effets sur les sables de la côte. Les preuves de ces transports, ainsi que leur importance, sont contrôlées de plusieurs manières. Il conclut en disant que l'avancement de la plage au large est d'environ 1 mètre par an. Il part ensuite de ce chiffre pour motiver que les travaux extérieurs doivent se réduire à une simple jetée et que l'abri doit être donné en dedans du cordon littoral. Dans sa conclusion, il est fait appel aux habitants de Narbonne pour mettre en œuvre une conception dont ils seront les premiers à bénéficier.

M. Drapeyron lit un rapport de M. Lelong sur l'émigration.

Dans cette étude M. Lelong constate d'abord que l'émigration est l'indice d'un trop-plein de production et aussi par suite d'un ralentissement de notre commerce extérieur dont les émigrants sont les véritables pionniers; il émet l'opinion que l'émigration est un agent favorable à l'accroissement de la population nationale et il se préoccupe dès lors de l'encourager par les meilleurs moyens possibles, qui, d'après lui, sont les suivants :

1° Immunité de service militaire en faveur des jeunes émigrants ;

2° Allocation de subsides à l'émigration ;

3° Création de comités de renseignements gratuits pour les émigrants au sein des Sociétés de Géographie commerciale.

M. Georges Renaud lit ensuite un rapport de M. Bellot, lieutenant de vaisseau, sur le choix d'un méridien unique. L'auteur, après avoir soigneusement examiné le pour et le contre et recherché quel est le méridien qui devrait être choisi, conclut au maintien du *statu quo*.

L'ordre du jour étant épuisé, la séance est levée.

Séance du 5 août (matin).

Présidence de M. Louis DESGRAND.

Les procès-verbaux des séances précédentes sont adoptés après lecture.

M. le Président émet la proposition d'envoyer le compte-rendu des séances à la presse locale, qui a été invitée à assister au Congrès.

M. le commandant BLANCHOT annonce que M. de Malafosse ne peut donner aujourd'hui lecture de sa communication sur la dépopulation des plateaux calcaires de l'Aveyron. Il demande que l'après-midi du lendemain 6 août soit consacré à une séance de discussion.

M. le Président lit à l'assemblée une lettre de M. Viala qui, retenu par des raisons de santé, s'excuse de ne pouvoir assister au Congrès. M. Foncin, délégué de M. le Ministre de l'instruction publique, empêché par un deuil récent de se rendre à Toulouse, a fait également parvenir l'expression de ses regrets.

M. le commandant BLANCHOT donne lecture de l'ordre du jour suivant pour les séances du lendemain 6 août :

Séance du matin.

1° Détermination des limites des isthmes, établie d'après la constitution géologique, l'orographie et la structure du sol (Société de Géographie de Toulouse) ;

2° Restauration de l'Ecole nationale de géographie (M. Drapeyron, de la Société de Topographie de France) ;

3º Détermination du point terminus de la chaîne des Pyrénées à l'Est (commandant Blanchot, de la Société de Toulouse).

Séance de l'après-midi.

1º Etude de l'éclairage zénithal et de l'éclairage oblique à 45º pour le figuré des reliefs du terrain dans l'établissement des cartes topographiques (commandant Blanchot, de la Société de Toulouse) ;

2º Etude des moyens d'action à la portée des Sociétés de Géographie pour échapper à la publication d'œuvres cartographiques erronées ou vieillies (M. Barbier, de la Société de Géographie de l'Est) ;

3º Recherches des moyens à prendre pour arrêter la désorganisation des montagnes et protéger les plaines contre les inondations (commandant Blanchot, de la Société de Toulouse).

Séance du soir.

Conférence sur les Pyrénées centrales.
Cet ordre du jour est adopté.

M. le commandant Blanchot lit le programme de l'excursion par Saint-Girons au port du Salau et de celle de Luchon. La dépense sera d'environ 40 francs.

M. GAUTHIER DE LA RICHERIE, délégué de la Société de Lorient, prend la parole pour traiter la question de la colonisation française. Il déclare qu'en dehors de toute politique on doit se féliciter du succès obtenu à Hué. Le but de la colonisation ne peut être actuellement celui que se proposaient les anciens. Il faut se garder de croire que nos colonies sont régies par les lois françaises, les contrats d'émigration ne sont guère exécutés et on est obligé de rapatrier une foule de mécontents dénués de toutes ressources. L'Annam, le Cambodge et le Tonkin sont peuplés de 22 millions d'habitants, on doit en tenir compte, et le gouvernement ne peut se dispenser de faire connaître ses intentions.

M. le colonel PERRIER demande à M. Gauthier de la Richerie s'il est partisan de l'annexion ; pour lui, il croit que le patronage est préférable. En Algérie on a peut-être voulu assimiler trop vite ; le Congrès ferait bien d'émettre un vœu en faveur du patronage et de demander que les colonies ne soient pas exactement traitées comme la métropole.

M. GAUTHIER DE LA RICHERIE se rallie complètement à l'avis émis par M. le colonel Perrier ; il faut patroner au profit de la France en traitant libéralement les peuples patronés, le statut personnel des Français doit être soumis au vote des populations coloniales.

M. FARGUES appuie le projet de M. Gauthier de la Richerie, tout en signalant ce que certains points pourraient avoir d'excessif. Que dans les premières années nous restions dans les limites du patronage ou du protectorat, rien de mieux. Que nous respections et encouragions tout ce qui doit être respecté, nos principes même nous en font une loi. Y a-t-il quelqu'un pouvant parler avec autorité qui réclame l'assimilation ? Mais, que nous ne voyions chez ces peuples nouveaux qu'une matière à exploitation, que nous nous interdisions absolument de répandre sur eux les bienfaits de notre civilisation, d'exercer sur eux une influence moralisatrice, de travailler à les rapprocher de nous, de nos idées et de nos mœurs, au fur et à mesure que les circonstances le permettront, ce serait méconnaître et notre caractère et la mission que nous avons à remplir, non moins que nos véritables intérêts. Ne nous hâtons pas, soyons prudents et réservés, mais laissons une porte ouverte pour l'amélioration et le progrès.

M. ALLAIN dit qu'il existe des colonies de peuplement et d'autres d'exploitation. Les Romains, malgré leur esprit d'assimilation, n'ont pas toujours suivi le même système. L'élément basque se dirige aujourd'hui vers l'Amérique du Sud et il y aurait intérêt pour la France à diriger les émigrants sur l'Algérie.

M. GAUTHIER DE LA RICHERIE insite sur le rôle des députés coloniaux.

M. LE PRÉSIDENT demande s'il est d'usage de discuter la question du patronage et du protectorat, il prie, sur les observations de M. Barbier, M. Gauthier de la Richerie de vouloir bien préciser un vœu à soumettre au Congrès. Dans les précédents Congrès, on s'est occupé d'économie politique, les mots politique et commerce étant liés, le Congrès est compétent pour statuer sur le vœu que formulera M. Gauthier de la Richerie.

La discussion continue. M. CARTAILHAC déclare qu'au point de vue anthropologique il n'est pas une seule colonie dont l'élément ne soit défavorable à nos nationaux. Les Français, ajoute l'orateur, s'imposent bien des sacrifices en colonisant la Cochinchine, mais sans sacrifices nulle œuvre de colonisation n'est possible.

LE PRÉSIDENT fait remarquer que la principale difficulté que rencontre la France dans ses tentatives coloniales, est la répugnance qu'ont les Français à quitter la mère patrie.

M. le Dr MONTANO constate que dans bien des pays notre

pavillon n'est pas représenté ; ce fait ne résulte pas, suivant lui, de la répugnance des Français à quitter le sol natal, mais plutôt de l'absence des capitaux Tandis que les Anglais expédient des cargaisons nombreuses, que Manchester seul envoie aux Philippines, par exemple, pour des millions de cotonades ; peu de capitalistes en France se résignent à soutenir à l'étranger les Français, ce qui rend leur situation difficile. Le Dr Montano partage entièrement l'opinion de M. de la Richerie ; jamais, d'après lui, il ne sera possible d'assimiler les populations coloniales à des Français. L'orateur se déclare partisan de l'enseignement de la langue française en Egypte, en Syrie, mais non dans les pays où notre influence s'affirme à peine et où nous ne sommes pas vus avec sympathie.

M. de la Richerie est à ce sujet complètement du même avis que M. le Dr Montano.

M. Barbier communique une note sur l'unité du méridien au point de vue cartographique, les difficultés que présentent cette unification et son importance restreinte conduisent l'orateur à se déclarer partisan du *statu quo*.

Au Congrès de Washington, toutes les puissances n'ayant rien à abdiquer se rallieront au méridien de Greenwich et la France sera lésée ; quant à l'heure, il est bien difficile d'adopter pour la déterminer un instant autre que celui où le soleil passe au méridien.

M. Monclar expose l'importance de l'unité de l'heure : il ne put faire à l'Exposition universelle de 1878 de conférence sur cette question, il offre aux membres du Congrès le texte de la communication qu'il avait l'intention de développer au Trocadéro.

M. le colonel Perrier, qui avec MM. Faye et Villarceau

assistait au Congrès de Rome, rappelle que le méridien de Greenwich fut adopté à la majorité, mais, ajoute-t-il, les opinions étaient diverses même entre les représentants de la France. Du reste, les marines étrangères ont abandonné les calculs des éphémérides astronomiques, il ne reste plus guère à l'heure actuelle que les éphémérides françaises et anglaises. Le *Nautical-Almanach* s'est à une certaine époque introduit dans les usages à la place de la *Connaissance des Temps*, le méridien le plus employé est donc le méridien anglais. En France on ne s'occupe de mécanique céleste qu'au Bureau des Longitudes. Le rapporteur au Congrès de Rome, M. Hirsch, avait habilement proposé l'adoption du méridien de Greenwich, les Anglais ont répondu qu'ils ne pouvaient, à ce propos, violenter l'opinion publique.

Tel a été le résultat du Congrès de Rome. Depuis lors, les délégués de l'Allemagne, MM. Forster et Kampfer, ont accepté l'heure et le méridien de Greenwich, mais le gouvernement a repoussé l'heure, c'est la question de l'heure qui force celle du méridien.

Quant aux cartes topographiques à grande échelle, elles seront toujours repérées à l'aide du méridien local, le changement de méridien présente de grandes difficultés pour les cartes d'état-major. Si l'on prend une carte générale, il n'y a nul avantage à employer un méridien de préférence à un autre, dix chiffres suffisent pour passer d'une carte à l'autre. En géodésie, la question du méridien est indifférente, tous les méridiens sont égaux. Cependant, les rapides moyens de transmissions actuels imposent une heure internationale, par exemple, pour l'observation de phénomènes presque instantanés.— S'il peut être utile d'avoir un méridien unique, il faut que ce méridien ne coupe plus l'ancien monde, c'est celui de l'île de Fer qui s'impose. Mais comme ce méridien est à 20° à l'ouest de Paris, les étrangers vont le repousser alors que nous accepterions parfaitement qu'il fut à 18° de Greenwich. La position de Greenvich au point de vue géodésique est d'ailleurs mauvaise, deux triangles relient ce point au continent où le détroit présente des difficultés, et au point de vue astronomique la longitude ne peut être déterminée qu'une fois.

On ne peut présenter comme argument sérieux que la marine anglaise est la plus importante — elle peut changer avec le temps.— Si nos marins se servent de cartes anglaises pour les pays non relevés par nous, il a été nécessaire de remanier ces cartes à la française à cause des confusions de mesures.

M. le colonel Perrier ajoute que sa proposition ne fut pas acceptée au Congrès de Rome, mais l'assemblée déclara que la division en décimales de l'angle présente un grand avantage; il avait pris la circonférence pour unité, mais on prétendit que, le quadrant étant le fondement de la géométrie, les marins préfèrent la division en 360° à cause du rapport simple existant entre cette division et les 24 heures de la journée.

Bien qu'il y eut à Rome des représentants du Congrès des poids et mesures, le système métrique ne fut pas adopté et la réunion se termina par un ordre du jour défavorable.

La Russie a nommé ses délégués pour la réunion de Washington qui doit avoir lieu le 1er octobre, la France réunit actuellement sa commission, mais il est probable que le *statu quo* durera encore longtemps.

L'Allemagne cherche à diminuer notre influence au point de vue scientifique après s'être efforcée de le faire au point de vue militaire et diplomatique ; elle substitue partout ses livres aux nôtres ; c'est l'Allemagne qui a soulevé la question du méridien.

M. RENAUD émet l'avis que nos cartes générales pourraient être soumises à un double numérotage : au haut de la page, celui qui serait établi d'après le méridien de Paris et, au bas, celui ayant pour point de départ le méridien de l'île de Fer. Il considère aussi que l'adoption des cartes générales anglaises, de préférence aux cartes françaises, provient de la lenteur qu'on met à mettre les nôtres au courant des découvertes. Une réforme est à faire à cet égard. De même, en ce qui concerne les livres, nous sommes obligés de constater l'activité bien supérieure à la nôtre de la librairie géographique allemande. Or, la puissance de la librairie est fort grande et nous devons appeler l'attention sur une voie nouvelle à exploiter. L'infériorité de notre librairie nationale peut avoir pour résultat d'entrainer l'infériorité de notre situation scientifique dans le monde, par rapport aux autres nations.

M. le Dr MONTANO observe que le système métrique s'introduit et s'impose peu à peu dans le monde entier.

M. BARBIER fait une proposition tendant à ne pas abandonner le méridien de Paris.

La clôture est prononcée.

Séance du 5 août (soir).

Présidence de M. LANNELUC.

Le procès-verbal de la précédente séance de la journée est adopté sans modifications.

L'ordre du jour appelle la communication de M. Fargue, délégué de la Société de Géographie de Nantes, sur le canal de la Basse-Loire.

Ce canal partirait de Lamartinière et aboutirait à Paimbœuf; il aurait 18 kilomètres de long. L'auteur en décrit le tracé à l'aide d'une carte spéciale, et entre dans des détails techniques sur les dragues et sur leur mode de fonctionnement.

En terminant, il raconte la récente déception des commerçants Nantais en apprenant que le projet était abandonné en haut lieu, et leur démarche infructueuse auprès du ministre qui a objecté l'état des caisses de l'Etat; mais en même temps M. Fargue nous prévient qu'il y a tout à espérer de la fermeté bretonne.

Le Congrès exprime le désir que M. le colonel Perrier rédige l'intéressante communication qu'il a improvisée le matin même sur la réunion des géodésiens de Rome.

M. Barbier communique un travail de M. Gallé, de Nancy, sur la réforme de notre organisation consulaire.

Ce travail, antérieur à la décision de la commission spéciale nommée par le gouvernement, est l'objet d'observations de la part d'un fonctionnaire du ministère des affaires étrangères présent au Congrès. M. Barbier, devant ces observations, renonce à demander au Congrès de formuler un vœu, et annonce qu'il va retourner à M. Gellé son manuscrit pour qu'il le modifie en vue de la publicité dans le volume du Congrès.

M. Drapeyron donne lecture d'une communication de M. Boulnois sur le Canal des Deux-Mers ; cette communication a pour but d'expliquer et de compléter les plans et cartes que M. Boulnois a envoyés à l'Exposition de Toulouse.

Ce canal aurait l'avantage d'abréger de 1,500 kilomètres, c'est-à-dire de trois jours, en vitesse réduite, la traversée d'une mer à l'autre ; cet avantage est considérable étant donné qu'un paquebot coûte environ 5,000 francs par jour à sa Compagnie ; mais il serait bien plus utile encore en cas de guerre maritime, surtout à cause de la faiblesse numérique relative de nos troupes de mer.

L'orateur indique les principales dimensions du canal et les travaux d'art que nécessiterait son établissement.

Il estime que son point de départ devrait être l'étang de Capestang sur la Méditerranée, et le point d'arrivée le bassin d'Arcachon sur l'Océan, la nature ayant fait les premiers frais sur ces deux points de deux grands ports servant de tête de ligne.

M. Darquier fait observer que la création du canal ayant été étudiée dans la Société de Géographie de Toulouse, il serait utile de reprendre la question à une séance où la discussion puisse se produire.

M. le Président répond que l'ordre du jour de demain est fixé, mais que si l'on peut y placer cette discussion, le Congrès le fera avec plaisir.

M. Darquier reconnaît que l'ordre du jour du lendemain

est trop chargé pour cela, mais il demande que cette étude soit renvoyée à une date ultérieure.

M. le Président, après avoir consulté le Congrès, fixe à vendredi 8 août la discussion réclamée par M. Darquier ; il fixe à la même date la discussion sur la question de savoir s'il y a lieu, pour la France, de pousser la colonisation au Congo aussi loin que possible ou bien s'il vaut mieux désirer la neutralisation de cette région.

M. Gaboriau, voyageur au Foutah-Djallon, fera le soir au punch une conférence sur ses travaux d'exploration.

L'ordre du jour étant épuisé, la séance est levée.

Séance du 6 août (matin).

Présidence de M. ARMAND.

Assesseurs : MM. BARBIER et AURIOL.

M. le colonel Schœlcher demande que les propositions qui intéressent la majorité des membres du Congrès soient nsérées en temps utile dans le procès-verbal.

M. le commandant Blanchot lit une lettre de M^{rg} l'évêque de Pamiers qui offre de venir à Toulouse, le 8 ou 9 courant, pour expliquer l'Anémogène qu'il a inventé. Le Congrès décide que le choix du jour sera laissé à Mgr Rougerie, et que l'heure de la conférence sera fixée à une heure et demie.

M. le commandent Blanchot développe la théorie du général Lewal sur la détermination des limites des isthmes établie d'après la constitution géologique, l'orographie et la structure du sol.

Une Compagnie anglaise ayant eu l'intention de créer un canal de la mer Rouge à la Méditerranée, à travers la mer Morte, pour faire concurrence au canal de Suez, M. le général Lewal a démontré que ce canal serait encore dans l'isthme de Suez et violerait, par conséquent, les traités conclus avec M. de Lesseps.

Ce sont les idées du général Lewal que le commandant Blanchot vient reprendre en son nom.

Il critique les diverses définitions données du mot isthme. L'isthme, à proprement parler, n'existe pas : la terre affecte seulement une forme plus ou moins allongée. Peu importe, du reste, que l'isthme émerge ou qu'elle soit immergée.

M. le colonel Schœlcher fait observer que puisque

l'isthme n'existe pas, les créateurs du canal de Suez ont eu tort de ne point faire bien spécifier l'étendue de leur droit, et cela de la manière la plus simple en limitant le champ d'action réservé à la compagnie par ses limites en longitude et en latitude. Ce sont les seules mesures scientifiques et susceptibles de précision. Le mot isthme est un mot français qui a une valeur générale comme signification ; il en est de même des mots montagne, plaine, plateau, golfe, etc. Ce ne sont pas des mots scientifiques susceptibles d'une définition précise comme le sont les mots usités en géométrie, par exemple. Il ne peut donc être question de délimiter un isthme. La question n'intéresse pas d'ailleurs la géographie. Cette science apprend à connaître la terre telle qu'elle est et n'a pas besoin de ces classifications.

M. BLANCHOT demande que cette question soit discutée à nouveau dans le prochain Congrès.

M. ARMAND conteste que l'isthme de Suez s'étende jusqu'à la mer Morte. D'après lui, la vallée du Jourdain et son prolongement vers le golfe d'Akabah ne peuvent être considérés comme pouvant se rattacher à l'isthme de Suez.

Après quelques observations de MM. Xaubat et Armand, M. LARTET fait observer que le projet d'établissement d'un canal à travers la mer Morte est bien plus ancien qu'on ne le croit.

Il donne des explications détaillées sur la constitution zoologique du sol compris entre le Nil et la mer Morte.

Il considère le massif du mont Sinaï comme faisant partie de la chaîne arabique.

Sur la demande de M. le commandant BLANCHOT, le Congrès décide que cette question sera étudiée à nouveau dans le Congrès national d'Oran.

M. Drapeyron expose ensuite un projet de restauration de l'Ecole nationale de Géographie, dont les diverses chaires professeraient les cours suivants :

1° Un cours de Géodésie et Topographie pratique ;

2° Un cours de Cartographie et de Gravure :

3° Un cours de Géologie, Botanique, Zoologie et Anthropologie ;

4° Un cours de Cosmographie, Géographie et Physique du globe ;

5° Un Cours de Topographie appliquée ;

6° Un cours de Géographie agricole, industrielle et commerciale et la Statistique ;

7° Un cours de colonisation ;

8° Des cours d'Ethnographie, d'Histoire, de Géographie et de Géographie politique ancienne, moderne et contemporaine ;

9° Un cours de Géographie appliquée à l'étude de l'histoire.

M. le colonel Perrier conteste qu'il ait existé une Ecole de Géographie.

M. Drapeyron lit un passage de l'*Almanach national de l'an IV* où est détaillé le programme d'une Ecole géographique, avec le nom des professeurs et du directeur.

M. Perrier réplique que cette Ecole n'a jamais fonctionné. Du reste, à son avis, il suffit d'énumérer les diverses branches de sciences qui composent la géographie, pour prouver que le cerveau humain ne pourrait suffire à embrasser des études aussi multiples et aussi étendues.

Il existe à l'observatoire de Montsouris un semblant d'école où un explorateur peut apprendre quelques notions indispensables, notamment le moyen de faire le point.

L'orateur a l'intention de créer au Dépôt de la guerre un enseignement complet de géographie.

M. DRAPEYRON, à l'aide de documents, démontre que l'Ecole de Géographie, fondée en 1795, a existé depuis cette date jusqu'en 1802, époque à laquelle son nom disparut de l'Almanach national.

M. DEGRAND présente quelques objections sur la création d'une Ecole officielle gouvernementale. Cette centralisation a perdu la géographie à la fin du XVIe siècle; la même cause produirait les mêmes résultats. Il ne faut pas oublier que c'est à cette époque que Delisle fit disparaître de la carte d'Afrique toutes les données fournies par les explorateurs portugais, les Pères jésuites, franciscains, etc., et que cette pression officielle fit perdre toutes les connaissances géographiques acquises jusques là. Elles ne furent conservées que sur quelques globes, dont le plus célèbre se trouve à la bibliothèque de Lyon. On y retrouve les lacs principaux du centre de l'Afrique, le Congo et l'empire de Macoco.

M. DRAPEYRON ne voit pas pourquoi la centralisation nuirait plus à la géographie qu'aux autres branches de la science.

M. SCHRADER s'élève contre une Ecole de Géographie unique; mais il approuverait la création de plusieurs écoles qui pourraient se pondérer et s'éclairer mutuellement. Il conteste que l'Institut de Gotha en Allemagne soit d'une grande utilité pour la diffusion des connaissances géographiques; si dans ce pays on ne possédait que cet institut, on assisterait à une véritable cristallisation de la géographie.

M. DRAPEYRON lit des lettres de plusieurs Sociétés de Géographie, notamment celle de Paris qui reconnaît l'utilité de plusieurs de ses propositions, celle de Lyon peu favorable au projet d'une école officielle, et celle de l'Est qui semble lui être plus favorable.

M. BARBIER donne quelques explications au sujet de la manière de voir de cette dernière Société; il a reçu mission de déclarer qu'elle considérerait comme funeste la création d'une Ecole de Géographie.

M. DRAPEYRON lit une lettre de la Société Vosgienne, qui approuve hautement la création d'une école, mais d'une école libre.

M. Georges RENAUD approuve la création d'une école libre, mais il combat absolument l'idée de la création d'une école officielle. La création d'une école se ferait facilement presque sans frais si on veut s'en prendre comme il convient et sans chercher à faire grand; cette école formerait de bons ouvriers pour travailler au côté matériel de la géographie industrielle. Le colonel Perrier a prétendu que l'homme ne pouvait embrasser toute la science géographique, mais les mêmes élèves ne suivraient pas tous les cours.

Le commandant BLANCHOT croit qu'une école aura pour résultat de créer des axiomes officiels dans chaque branche de la géographie. Du reste, il ne voit pas bien dans ce cas ce que l'on entend par géographie; il n'y a point de limites précises. En résumé, il se prononce contre cette école.

M. Georges RENAUD pense que l'Ecole de Géographie aurait pour but d'enseigner les éléments essentiels de cette science, car toute science doit se baser sur des notions élémentaires que présentement on ne sait où aller chercher.

Le commandant BLANCHOT, se ralliant à l'opinion de M. Renaud, distingue entre l'œuvre du cartographe et celle du géographe, et propose le nom d'Ecole normale de Géographie.

Pour M. Montano, l'enseignement géographique existe dans toutes les écoles de France, mais disséminé et demandant une précision.

M. Barbier rappelle qu'il n'y a pas à centraliser, mais à combler dans nos Facultés une lacune.

M. G. de la Richerie s'étonne que M. Drapeyron donne la réponse de trois Sociétés de Géographie seulement. La Société de Lorient a pensé que la question n'était pas mûre et demandait un plus sérieux examen.

M. Lanneluc demande ce qu'est devenue la lettre de la Société de Bordeaux.

M. Drapeyron déclare que cette lettre ne lui est pas parvenue.

M. Lanneluc adopte la proposition de M. Barbier, tendant à la création d'une chaire d'agrégation de géographie.

M. de la Richerie insiste sur la nécessité d'avoir les réponses de toutes les Sociétés de Géographie, et M. Drapeyron prend l'engagement d'insérer toutes les réponses qui lui parviendront.

M. le Président donne lecture des vœux présentés par la Société de Topographie de France :

1º La création d'une Ecole de Géographie.

Le Congrès décide qu'il y a lieu d'ajourner et renvoie la question au Congrès d'Oran.

2º La question d'organisation de ladite Ecole.

Le Congrès ajourne cette question comme conséquence de son précédent vote.

Plusieurs délégués demandent qu'il soit procédé à de nouveaux votes, les premiers n'étant pas suffisamment éclairés.

Après discussion, les votes sont acquis.

MM. BARBIER et MONTANO font observer qu'un seul délégué par Société de Géographie doit voter.

M. CARTAILHAC déclare qu'il a été entendu par la Société de Toulouse que tous les membres du Congrès ont droit de vote; d'ailleurs, ajoute l'orateur, il n'existe pas de règlement.

M. BLANCHOT ajoute que le vrai Congrès devrait comprendre l'universalité des membres des Sociétés de Géographie de France; qu'il est donc logique d'admettre que tous ceux de ces membres qui sont présents doivent avoir droit de vote.

M. le colonel SCHŒLCHER exprime le désir de voir le Congrès consacrer une séance à ébaucher un règlement définitif.

Il est décidé qu'un projet de règlement sera porté à l'ordre du jour du samedi 9 août.

Le Président donne lecture des autres vœux de la Société de Topographie de France, concernant la création d'une agrégation de géographie et de chaires près des Facultés : 1° de géodésie et de topographie; 2° de physique du globe; 3° de géographie appliquée à l'étude de l'histoire.

M. CARTAILHAC déclare qu'il s'abstiendra de voter, le mandat qu'il a reçu de la Société de Toulouse étant purement administratif. Dans la séance actuelle, le délégué fait place au membre du Congrès.

M. BLANCHOT déclare que tout le monde ayant voté dans

les séances antérieures, cette manière d'agir doit être maintenue jusqu'à l'adoption d'un règlement qui doit être discuté
prochainement.

M. Barbier n'est pas partisan du projet de M. Drapeyron,
mais il invoque ici les précédents à défaut de tout règlement
adopté. Ces précédents veulent que dans tout vœu enga-
geant les Sociétés directement, un seul délégué prenne part
au vote, au nom de la Société et dans le sens par elle indiqué.

Le vœu tendant à la création de chaires dans les Facultés
est voté ; le Congrès émet aussi le vœu de la création d'une
agrégation de géographie.

La séance est levée.

Séance du 6 août (soir).

Présidence de M. le colonel SCHŒLCHER, de la Société de Paris.

L'ordre du jour de la séance du matin n'ayant pas été épuisé, M. le Président donne la parole à M. le commandant Blanchot, pour sa communication relative à la détermination du point terminus de la chaîne des Pyrénées, à l'Est.

Le commandant BLANCHOT étudie la ligne de faîte et les divers accidents de la chaîne, et montre les erreurs commises pour la détermination de la frontière, particulièrement en Cerdagne. Il indique l'importance politique et stratégique des divers tracés adoptés. Il demande au Congrès d'opter entre les caps Creux, Cerbère et Leucate, et se prononce personnellement pour le cap Creux, s'appuyant pour étayer son avis sur des considérations géologiques, orographiques et historiques.

M. le capitaine FABER se rallie à l'opinion de M. le commandant Blanchot. Le Congrès n'a pas actuellement tous les éléments d'appréciation désirables, mais il peut émettre un vœu en faveur de la recherche de la solution.

La question ayant été mise aux voix, le Congrès, après avoir entendu quelques observations historiques intéressantes de M. le baron DE SCHWERING, propose le cap Creux comme le point terminus de la chaîne des Pyrénées.

M. le colonel Perrier remet à M. le Président une lettre de M. Dupont, relative à l'enseignement géographique.

Le Congrès renvoie l'étude de la question à une séance ultérieure.

M. le colonel Perrier transmet également une lettre de

M. Liotard, membre de l'Académie de Nimes. Cette lettre traite de la prononciation des mots géographiques.

La question est renvoyée au Congrès d'Oran, d'autres questions du même genre devant y surgir inévitablement à propos de l'orthographe et de la prononciation des noms arabes.

M. le commandant BLANCHOT obtient de nouveau la parole pour discuter de la question de la lumière oblique et de la lumière zénithale pour l'éclairage des cartes. Il demande au Congrès de se prononcer en faveur de la lumière zénithale, la seule, suivant lui, capable de rendre fidèlement le relief du terrain.

M. WALLON remarque qu'on ne doit par condamner la lumière oblique, qui a entre autres avantages, celui de donner des cartes plus facilement comprises de tout le monde.

M. BLANCHOT réplique que les simples soldats eux-mêmes comprennent les cartes d'état-major, ce qui prouve que leur lecture ne présente pas de grandes difficultés.

M. SCHRADER est d'avis qu'il y a des distinctions à faire : pour les pays plats, il est impossible de ne pas avoir recours à la lumière zénithale ; mais en pays de montagne, on ne peut avec celle-ci rendre une intersection. Suivant lui, le meilleur serait de se servir à la fois de la courbe de niveau donnant l'exactitude, et de la lumière oblique facilitant une lecture sommaire.

Le commandant BLANCHOT réplique. Il fait remarquer que la lumière zénithale a l'avantage de rester conforme au système des projections et de rendre mathématiquement le terrain, alors que la lumière oblique, plus artistique, plus pittoresque peut-être, conduit à la fantaisie et à l'erreur.

M. DESGRANDS dit que le vœu formulé par M. le commandant Blanchot, en faveur de la lumière zénithale, équivaudrait à la sanction d'une sorte de méthode officielle, et que le Congrès ne doit pas entrer dans cette voie.

Le colonel PERRIER regrette l'invention des hachures qui exigent un immense travail. Le public ne comprenant pas les courbes pures, on doit leur adjoindre des teintes plus ou moins accentuées. Le colonel met sous les yeux de l'assem-blée des cartes de France et d'Algérie conçues selon cette méthode. Il est d'avis que pour des cartes devant présenter un caractère scientifique considérable, comme le monument cartographique fait par l'état-major français, la lumière zénithale s'impose.

M. BARBIER rappelle les beaux travaux du général Dufour sur les Alpes ; il se rallie à l'opinion émise par M. Wallon.

M. le baron de VAUTHELERET prend la parole sur la percée des Alpes. Il expose que le tracé de voie ferrée par le grand Saint-Bernard présente de grands avantages sur les tracés concurrents, le Mont-Blanc et le Simplon, aux points de vue économique, militaire et politique de notre pays. Cette ligne est la moins coûteuse, la plus promptement construite, la plus directe du nord-ouest de l'Europe avec l'Orient, la plus rationnelle enfin et la plus française, tout en desservant le mieux la Suisse et l'Italie.

Il rappelle l'influence morbide du travail souterrain, et les nombreuses maladies occasionnées par le degré excessif de la température.

Dans le tracé du Saint-Bernard, le plus favorable aux intérêts français, ces dangers sont en partie écartés, les matériaux nécessaires sont à pied d'œuvre, la Suisse et l'Italie s'offrent à prendre part aux dépenses de construction ; il y a donc tout avantage à se prononcer en faveur de la percée par le Grand Saint-Bernard.

La séance est levée.   3

Séance du 7 août (soir)(1).

M. POURCIN obtient la parole. Il fait, au nom de M. La Proue, vice-président de la Société de Géographie de Bordeaux, une communication sur la terminologie et la prononciation géographiques dont la prononciation locale est la base.

Il présente une liste de noms recueillis par la commission spéciale de terminologie et propres à indiquer une théorie générale de prononciation qu'il propose d'adopter. Il donne à ce propos lecture de lettres de M. Elisée Reclus.

M. le commandant BLANCHOT dit qu'il faut adopter les désinences créées par les indigènes, sous peine de ne pas être compris d'eux lorsqu'on demande des renseignements.

M. POURCIN répond que les conclusions de M. le commandant Blanchot sont une confirmation des siennes.

Après quelques précisions relatives aux langues du Midi, dues à MM. REY-LESCURE et LANNELUC, le Congrès vote un encouragement à la Société de Bordeaux pour les efforts tentés par elle, et l'engage à continuer l'étude qu'elle a entreprise.

M. ALLAIN développe les divers motifs qui doivent pousser le Ministère de l'instruction publique à vulgariser dans les écoles secondaires et supérieures l'étude de la géographie, de la topographie et de la lecture des cartes, au point de vue géographique pur et français.

_____

(1) La matinée du jeudi 7 août a été laissée aux membres du Congrès pour visiter Toulouse et ses environs.

M. Desgrand remarque que le rapport de M. Allain semble vouloir exclure l'enseignement libre. Or, il existe à Lyon
un enseignement primaire libre répondant à tous les *desi-
derata* : il ne faut pas laisser croire que l'enseignement officiel doive être proclamé en France comme enseignement
unique.

M. Armand estime que les enfants sont surchargés d'heures d'étude; on ajoute sans cesse aux programmes, sans se
préoccuper des fatigues croissantes qu'on impose ainsi. A
l'heure actuelle, il faut retrancher au lieu d'ajouter.

M. le commandant Blanchot dit qu'il suffit d'un peu de
soin pour devenir géodésien quand on possède les connaissances mathématiques nécessaires, mais que la topographie
exige une longue pratique.

M. de Bouteillier se rallie à l'opinion émise par M. Allain.
Il désire voir figurer la topographie dans les programmes
des écoles, étant entendu d'ailleurs qu'il ne s'agit pas de
pousser les élèves au point où ils pourront faire des cartes,
mais seulement au point où ils pourront les lire.

M. le commandant Blanchot parle de l'opportunité de
confier aux Facultés des sciences l'enseignement de la géographie. Il importe de distinguer la géographie historique
qui entre dans les spécialités des Facultés des lettres, et la
géographie pure qui exige de grandes connaissances mathématiques et scientifiques.

M. Schrader appuie la proposition du commandant Blanchot. Il fait remarquer que l'Allemagne est entrée dans cette
voie et que de là proviennent, sans nul doute, les bons
résultats obtenus par cette nation au point de vue géographique.

M. DE LA RICHERIE rappelle qu'à Rome il y eut unanimité pour demander la mesure proposée par M. le commandant Blanchot.

M. REY-LESCURE est d'avis qu'il faudrait généraliser la réforme, et charger dans les lycées des professeurs de sciences de l'enseignement de la géographie pure.

M. DE BOUTEILLIER croit difficile de séparer l'histoire de la géographie.

M. RENAUD remarque qu'il faut distinguer entre l'enseignement supérieur et l'enseignement secondaire; on doit, d'après lui, laisser les chaires de géographie historique aux Facultés des lettres, et créer dans les Facultés des sciences des chaires de géographie physique et mathématique.

Cette proposition a été déjà votée en 1881 au Congrès de Venise.

Ce vœu est adopté à l'unanimité.

La séance est levée.

Séance du 8 août (matin).

Présidence de M. BARBIER.

M. LANNELUC demande que le compte rendu des travaux du Congrès donne une analyse de la remarquable conférence faite le 6 au soir par M. SCHRADER sur les Pyrénées.

M. GAUTHIER DE LA RIGHERIE dépose sur le bureau un numéro du *Petit Journal*, portant date du 7 août, et annonçant que le Congrès de Géographie a manifesté le vœu de voir l'étude de la topographie se substituer à celle de la géographie pure et de la géodésie.

M. de la Rieherie estime qu'il serait utile d'envoyer une note rectificative.

M. le capitaine LITRE, de la Société de Toulouse, demande si l'envoi d'une note rectificative au *Petit Journal* n'obligerait pas le Congrès à rechercher dans tous les journaux les articles parus, à les contrôler et à les rectifier s'il y a lieu.

La motion de M. de la Richerie est adoptée.

M. le commandant BLANCHOT propose l'ordre du jour de la séance suivante.

M. BARBIER dépose sur le bureau un vœu tendant à ce que les Sociétés de Géographie veuillent bien porter une attention soutenue sur toutes les publications géographiques erronées ou vieillies, présentées le plus souvent sous des apparences, sous des patronages ou fausses dates d'édition, de nature à tromper le public sur leur valeur. M. Barbier demande que les Sociétés les signalent partout où elles se trouvent, et par tous les moyens de publicité dont elles disposent.

M. le docteur Montano estime qu'il y aurait danger à signaler comme mauvais les ouvrages d'un éditeur.

M. Deloume, professeur à la Faculté de droit, membre de la Société de Toulouse, déclare, en sa qualité de jurisconsulte, que le danger indiqué par M. Montano n'existe pas, la critique d'un ouvrage étant toujours permise.

M. Desgrand pense que les Sociétés de Géographie ne peuvent se livrer à une critique trop directe.

Le vœu de M. Barbier, mis aux voix, est adopté à l'unanimité.

M. le commandant Blanchot étudie la désorganisation des montagnes; il cite le pic Montcalm, autrefois accessible, et dont l'ascension est désormais impossible. La terre quitte les sommets et les pentes, elle tombe dans la vallée de Vic-Dessos; l'absence de pâture, résultant de cet état de choses, chasse les troupeaux de la haute montagne. En 1881, 80 cônes d'érosion se sont produits, et un million de mètres cubes de terre et matériaux est descendu dans la vallée. Les bergers, pour avoir de nouveaux pâturages, mettent le feu aux forêts. Il y a donc urgence d'aviser, de reboiser, de soumettre les torrents à un traitement et de former des réservoirs pour retenir les grandes eaux.

M. Desgrand signale les heureux résultats obtenus dans les montagnes avoisinant Nice par les travaux que M. le commandant Blanchot indique; il appuie le vœu formulé par ce dernier.

M. Darquier demande au Congrès de se prononcer sur la question du canal maritime de l'Océan à la Méditerranée. Elle agite la population et donne, dès aujourd'hui, lieu à des spéculations de terrains qui paraissent illusoires. La Société

de Géographie de Toulouse a résumé toutes les discussions
en un vœu tendant à mettre le canal actuellement existant
et dû à Riquet en harmonie avec les besoins qu'il est aujour-
d'hui appelé à desservir. Le projet de canal maritime, avec
écluses, ne produit, au point de vue du temps, aucun avantage; il n'est pas à comparer, comme abréviation de trajet,
aux canaux de Suez et de Panama. Le projet à grandes sections de M. Manier se heurte à des obstacles énormes.

M. LANNELUC, écartant les questions de distance et de difficultés, constate que le cabotage a disparu, et propose au
Congrès de renouveler le vœu qu'il a formulé à Bordeaux.

M. SCHRADER appuie la proposition de M. Darquier. Il dit
que de nombreux calculs lui ont absolument démontré qu'il
n'y aurait pour les navires aucune économie de temps à employer le canal. Il expose, en outre, que les frais de traversée
du canal de Suez représentent, pour les navires, environ la
moitié de ce que leur coûterait le tour de l'Afrique. Mais le
canal maritime projeté est bien plus long et coûtera bien
plus cher que n'a coûté le canal de Suez. Or, comme les
redevances doivent être proportionnées aux prix de revient,
on peut affirmer que les navires qui s'engageraient dans le
canal maritime auraient à payer une somme au moins égale
à ce que leur coûterait le tour de l'Afrique, alors qu'ils
n'éviteraient que le tour de l'Espagne qui est de bien moindre importance; d'où ressort cette conséquence que les navires auraient intérêt à ne pas employer le canal maritime
projeté et que, par suite, ce canal ne saurait pas pratique-
ment et éconmiquement être exécuté!

M. DELOUME déclare que le public indécis demande un
supplément de lumière.

M. DARQUIER pense que l'information est complète et que, par suite, les conclusions peuvent être prises, dès aujourd'hui, en connaissance de cause ; il formule en conséquence, en son nom personnel, le vœu déjà émis par la Société de Géographie de Toulouse.

Le vœu de M. Darquier est adopté.

M. LANNELUC demande la mise aux voix du vœu formulé par la Société de Bordeaux.

L'assemblée consultée décide que les deux vœux offrant des contradictions, elle ne peut prendre le vœu formulé à Bordeaux en considération.

Le commandant BLANCHOT sollicite de l'assemblée l'émission d'un vœu sur le reboisement des montagnes.

Ce vœu est adopté à l'unanimité.

La séance est levée.

Séance du 9 août (matin).

Présidence de M. DE LA RICHERIE.

Les procès-verbaux des séances antérieures sont adoptés.

M. BARBIER, secrétaire général de la Société de Géographie de Nancy, présente à l'assemblée un projet de règlement des Congrès, rédigé en 21 articles et constituant un élément nouveau : le Comité du Congrès ou réunion des délégués officiels.

Après quelques paroles, dans lesquelles M. DE LA RICHERIE fait remarquer l'importance d'une réglementation des futurs Congrès des Sociétés de Géographie, on passe à la lecture et à la discussion des articles qui sont successivement votés.

L'ensemble du projet est ensuite adopté à l'unanimité des délégués des Sociétés de Géographie.

M. ALLAIN, délégué de la Société d'Ethnographie, déclare que n'ayant pas été saisi du projet de règlement, il a dû s'abstenir, et demande que mention de son abstention soit consignée au procès-verbal.

Séance du 9 août (soir).

Présidence de M. TISSERAND, de la Société de Géographie d'Oran.

Le commandant BLANCHOT lit à l'assemblée une lettre de
M. le docteur Garrigou, qui offre de guider le Congrès dans
les galeries des sources de Luchon et de lui faire la description des lieux.

Le Congrès accepte l'offre de M. le docteur Garrigou et
lui vote des remerciements.

M. WIKERSHEIMER demande à faire au Congrès une communication sur le canal maritime. — M. Laneluc offre de
lui céder son tour de parole,

M. ARMAND donne lecture d'une lettre de la Société de
Nantes, demandant que le Congrès de Géographie se réu-
nisse dans cette ville en 1886.

Cette proposition est adoptée.

M. ALLAIN lit une note relative à l'unification des monnaies.

M. RENAUD prend la parole pour traiter la question de
colonisation. Il constate que les récentes explorations en
Afrique ont fait bien des victimes sans amener un grand
résultat. Cependant les voyages de Liwingston et de Stanley
révélèrent l'existence de la grande voie fluviale que M. de
Brazza remonte en s'efforçant de créer des relations commerciales. M. Stanley de son côté a tenté d'en faire autant. Il a
fondé, à cet effet, quelques postes sur le Congo ; mais, jusqu'à ce jour, il a été impossible d'obtenir des indigènes un
travail utile, ce qui porte à penser qu'une fois la voie de

communication ouverte, le trafic qu'on pourra en espérer
restera insignifiant. Souvent, en voulant créer des colonies,
la France s'est laissé entraîner plus loin que les nécessités
pratiques le comportaient. Nous connaissons le climat de
l'embouchure du Congo, mais non encore d'une manière
précise celui de l'intérieur. Des observations ont été faites
cependant à cet égard, vers l'est, par le Dr Dutrieux et elles
sont de nature à faire penser que l'Européen ne peut y vivre
au-delà d'un petit nombre d'années. Il n'y a donc pas pro-
babilité que nous puissions nous établir au Congo ; il ne faut
espérer y avoir que quelques chétifs comptoirs. La question
de neutralisation du Congo va se poser dans quelques mois ;
l'Allemagne a soulevé la question.

L'orateur se déclare partisan de la neutralisation, des
dépenses considérables ne devant pas, selon toute vraisem-
blance, être jamais compensées dans un pays où on ne doit
rien attendre des indigènes et où le climat met obstacle à
tout établissement commercial prospère.

M. ALLAIN, au point de vue ethnographique, confirme les
dires de M. Renaud. Le Congo n'est pas, à ses yeux, un pays
bon à coloniser.

M. DE LA RICHERIE expose que M. de Brazza a cru à une
résurrection possible de la race noire, qu'il a bravé un
climat dangereux, qu'il fait remarquer que la France a vivement et justement applaudi à ses efforts. Ce n'est pas le
ministère de la marine et des colonies, mais le ministère de
l'instruction publique et des beaux arts qui patronne l'expédition Brazza.

M. de Brazza est parti sur des navires mis à sa disposition
pour une mission scientifique. Or, une mission scientifique
tombe dans le domaine universel, et cependant, chose

étrange, on ne sait rien, on ne dit rien de ce qui se passe.

M. DE BOUTEILLER apporte de la côte occidentale d'Afrique certains renseignements sur l'expédition Brazza. Il dit, en outre, qu'une conférence sur ce sujet vient d'être faite récemment par M. Dutreuil de Rhuis.

M. de la Richerie dit qu'un journal belge — le *Mouvement géographique* — fait assister ses lecteurs à tous les faits et gestes de Stanley. Des bataillons de nègres, commandés par des officiers belges, suédois, américains, desservent et gardent 39 stations. On croit partout qu'il s'agit, au Congo, d'une question humanitaire; mais il semble plutôt vraisemblable qu'il s'agit, avant tout, de l'exploitation de l'homme par l'homme.

M. DESGRAND trouve fort naturelles et justifiées les paroles de M. de la Richerie. Il fait toutefois observer qu'il existe au Congo des missionnaires, les Pères du Saint-Esprit, qui, depuis de longues années, résistent au climat.

M. de la Richerie dit qu'on ne peut comparer des colons avec des missionnaires qui mènent une vie sage et réglée, et sont soutenus par la foi divine et résolus quand même à assurer la réussite d'une œuvre à laquelle n'est point lié leur intérêt personnel.

M. SCHRADER demande s'il n'y a pas dans ce que vient de dire M. de la Richerie l'indication d'un préjugé contre le colon.

M. de la Richerie se déclare grand ami, au contraire, de la colonisation française, mais il regrette le voile dont on couvre la mission de Brazza.

Le Congrès exprime le vœu de voir toutes les Sociétés de Géographie s'efforcer de recueillir, par tous moyens et notamment auprès des ministres compétents, le plus grand nombre de renseignements possible sur le Congo, et de présenter au Congrès d'Oran le résultat de leurs efforts et de leurs recherches.

M. DE MALAFOSSE, de la Société de Toulouse, a la parole sur la stérilisation des Causses. A la suite de sa communication une discussion s'engage à ce sujet, à laquelle MM. Schrader, Renaud et de Malafosse prennent part. Le Congrès adopte à l'unanimité deux vœux de l'orateur, M. de Malafosse, un pour le reboisement et le gazonnement des Causses et l'autre pour la construction d'un observatoire sur le mont Aygoual dans les Cévennes.

M. SIPIÈRE, président de la Société académique franco-hispano-portugaise, donne lecture d'un travail de M. F. Romanet du Caillaud sur les vignes chinoises, leurs différentes espèces et les intéressantes tentatives faites en vue de les acclimater dans nos régions.

M. le colonel SCHŒLCHER lit un travail de M. J. Girard sur les reliefs du sol et leurs rapports avec les cassures des roches stratifiées.

M. SCHRADER, à la suite de cette lecture, fait observer qu'il y aurait de nombreuses objections à faire aux théories de M. Girard. Il rappelle que M. Daubrée a reproduit, dans une série d'expériences mémorables, des accidents de fractures d'une masse d'argile, de verre, etc., absolument semblables à celles que l'on rencontre dans les montagnes.

M. Schrader met sous les yeux de l'assemblée une carte de la partie centrale des Pyrénées, dans laquelle sont nettement marqués ces accidents de fracture, et il insiste sur les formes géométriques qui circonscrivent les vallées.

M. Trutat, à son tour, insiste sur cette forme géométrique des montagnes, et il attribue ces cassures régulières,
géométriques, à la composition minéralogique de la roche.
Il montre précisément sur la carte de M. Schrader un exemple remarquable à l'appui de sa théorie. Sur la longue traînée
granitique qui coupe obliquement la chaîne principale du
Néouvielle au Néthou, la carte de M. Schrader fait voir :

1° Que dans le massif du Néouvielle les vallées circonscrivent, par leur recoupement, de véritables *rhomboèdres :*

2° Que le massif du Poset est un *prisme hexagonal* d'une
admirable netteté;

3° Que dans le massif de la Maladetta toutes les vallées
ou les arêtes se coupent à *angles droits,* et que des diago-
nales régulières croisent chacun de ces carrés.

Toutes ces montagnes sont granitiques, et à l'examen
microscopique on reconnaît que le quartz affecte des formes
différentes en rhomboèdres dans le Néouvielle, en prisme hexagonal dans le Poset, en mâcles quadratiques dans la Maladetta. Mais toutes ces formes ne sont que des modifications
du rhomboèdre primitif du quartz; il existe donc un rapport
intime entre la composition lithologique et la forme des montagnes.

M. le capitaine de génie Romeu, professeur de topographie à l'Ecole d'application de Fontainebleau, soumet, de
son côté, à l'assemblée les remarques suivantes :

Les lithoclases ont exercé une action directrice sur les
érosions qui ont concouru au modèle des vallées; mais c'est
dans les petites vallées, et surtout dans celles des terrains
perméables, que les eaux ont suivi le plus fidèlement ces
directions et que les érosions ont le moins modifié les caractères du réseau des cassures. Il convient donc de recher-

cher ces caractères sur des cartes exprimant les petits détails du tracé des vallées et des vallons, et l'on ne doit pour cela recourir qu'à des cartes à échelle suffisamment grande. La carte de l'état-major français à 1/80000e se prête bien à ce genre de recherches, tandis que sur les cartes à plus petites échelles les détails nécessaires à examiner ne ressortent pas suffisamment.

M. Tisserand, président, invite les membres du Congrès de Toulouse à se rendre au prochain Congrès d'Oran, en vertu du mandat qui lui a été confié par la Société de Géographie d'Oran.

Sur la proposition de M. le Président, le Congrès vote des remerciements à M. Fernand Gineste, secrétaire des séances du Congrès.

La séance est levée.

Séance du 10 août.

Présidence de M. le colonel PERRIER.

M. le commandant BLANCHOT, secrétaire général de la Société de Toulouse et commissaire général de l'Exposition, remercie, au nom de ses collègues, MM. les délégués présents au Congrès, les autorités qui ont aidé à la réussite de l'Exposition, enfin l'ensemble des exposants.

Les récompenses accordées par le jury sont ensuite proclamées, et M. le colonel PERRIER, après avoir rappelé à l'assemblée que les prochains Congrès se réuniront à Oran, en 1885, et à Nantes, en 1886, déclare terminée la VIIe session du Congrès national et lève la séance.

DISCOURS ET ALLOCUTIONS

PRONONCÉS A LA SÉANCE D'OUVERTURE

DISCOURS

DE M. OZENNE PRÉSIDENT DE LA SOCIÉTÉ DE TOULOUSE

MESDAMES, MESSIEURS,

« Permettez-moi de saluer, à leur arrivée parmi nous, les hommes de science et de travail accourus de tous cotés pour participer à notre œuvre.

Quelque peu autorisé que je me croie pour parler en votre nom, je souhaiterai la bienvenue à M. le colonel Perrier, membre de l'Institut. Je le remercierai pour vous d'avoir fait trêve à ses nombreuses études, pour venir présider aux travaux du Congrès géographique de Toulouse.

Comme nous, Messieurs, vous avez senti que pour donner au progrès intellectuel tout son élan, que pour faire avancer l'humanité dans ses voies, il faudrait pouvoir confier à l'œuvre commune toutes les forces productives et tous les talents.

C'est le mérite et le but des Congrès provinciaux de réunir les énergies et les bonnes volontés; ils font ainsi œuvre de centralisation intelligente en groupant et en développant des forces qui ne se connaissaient pas elles-mêmes, en les mettant en éveil, en les encourageant au travail, ce qui rend leurs efforts utiles et féconds.

Sans doute Paris est le foyer brillant d'où la science, le génie littéraire, les beaux-arts répandent sur le monde leurs chauds et lumineux rayonnements; mais le soleil a lui-même des satellites, et il est, grâce à Dieu, dans notre beau pays de France, une série de foyers secondaires, de grandes cités appelées, elles aussi, à produire leur contingent de chaleur, de mouvement et de vie.

4

Ce sont ces foyers, secondaires sans doute, mais honorés par de longues traditions ou de généreux efforts, que les Congrès viennent tour à tour ranimer par leur présence.

Le Congrès de Géographie tient cette année ses assises à Toulouse. Nous sommes fiers et reconnaissants de cette faveur. Bien d'autres l'ambitionnaient et en étaient dignes; tenons à justifier cette flatteuse préférence ; nous y consacrerons, croyez-le bien, toutes nos forces.

Ce que nous pouvons affirmer aux hôtes de la Société de Géographie, c'est qu'ils trouveront ici un sol dès longtemps préparé par les travaux de l'esprit, c'est qu'ils se sentiront dans un milieu sympathique à toutes les grandes pensées, à tous les généreux sentiments. On y a unanimement compris la portée de cette belle science de la géographie, qui semble donner la main à toutes les autres, et dont chaque étape nous ramène au sentiment national, à la défense et au développement de la prospérité de la patrie.

C'est que Toulouse a son glorieux passé.

Elle fut un des plus illustres foyers de la littérature, des arts et de la civilisation. Elle fut la capitale d'un royaume. On l'appelait la Cité palladienne, la ville sainte et savante. On l'avait placée sous l'égide de Minerve, de cette déesse qui sut, dit-on, par une merveille de sa puissance, tenir en même temps dans ses mains le sceptre des beaux-arts et celui de la sagesse.

Toulouse est légitimement fière de la vie intellectuelle qui l'anime, de son renom de poésie, de ses artistes, de ses antiques Académies et de son Parlement qui furent des premiers entre tous.

Depuis plus de cinq siècles, tous les ans, aux premiers jours de mai, la Gaie Science fait éclore pour les poètes ses fleurs d'argent et d'or; elle a des maîtres ès-jeux dont la liste actuelle commence à Victor Hugo et finit à Nadaud et à Henri de Bornier.

Clémence-Isaure reconstituait la compagnie des Jeux-Foraux, au xve siècle, et l'auteur de la *Fille de Rolland*, renouvelant poétiquement le *Dialogue des morts*, a pu mettre dans la bouche de la noble dame toulousaine ces mots à l'adresse du fondateur de la grande Académie française :

« L'Académie ! J'en fis une avant vous, cardinal Richelieu. »

De date plus récente, l'Académie des sciences s'est signalée par

l'importance et la variété de ses travaux qu'elle publie régulièrement depuis le commencement du xviie siècle ; elle les poursuit
encore sous le patronage éminent de Fermat, qui fut conseiller à
notre Parlement et accomplit ici même sa grande œuvre scientifique.

L'Académie de législation s'est placée sous le patronage d'un
autre Toulousain, également illustre dans la science, de Cujas,
appelé le prince des jurisconsultes de la Renaissance par l'Europe
civilisée. Pour être plus nouvelle venue, elle semble n'avoir 'que
plus de vigueur et d'action. Honorée par l'Etat de précieux privi-
lèges, elle est en relation avec les juristes du monde entier. C'est
une pépinière presque inépuisable de magistrats, de ministres et
d'hommes d'Etat, d'essences les plus variées dans la politique
contemporaine.

Autour de ces Académies et de l'enseignement officiel de nos
célèbres Facultés se groupent de nombreuse Sociétés savantes, très
dignes de ce nom : laissez-moi vous en citer quelques-unes : les
Sociétés de médecine, d'agriculture, d'horticulture , d'archéologie ,
de jurisprudence, d'histoire naturelle, des sciences physiques, his-
pano-portugaise, le club alpin, et bien d'autres. Leurs portes s'ou-
vrent libéralement aux mérites et aux travaux les plus divers. Plusieurs ont leurs publications périodiques ; elles participent activement
aux progrès de l'esprit humain sous tous ses aspects.

Pourrai-je ne pas citer aujourd'hui notre Conservatoire, qui
envoie dans le monde entier des chanteurs admirables et des artistes
de premier ordre ? Et notre Ecole des beaux-arts, qui a fourni des
chefs renommés à l'Ecole française contemporaine de peinture,
de sculpture et de composition musicale? Six grands prix de Rome
ayant reçu sur les bancs des Ecoles de Toulouse les principes de
l'art vont se partager l'honneur d'élever un monument de marbre
et de bronze à l'un des poètes les plus charmants de notre vieille
langue toulousaine, à Goudelin. D'autres grands prix seront là
encore le jour de l'inauguration pour célébrer par la musique la
grâce de ses vers harmonieux.

Voilà, Messieurs, le milieu dans lequel va se mouvoir le Congrès. Vous pardonnerez aux Toulousains de se complaire à énumérer leurs mérites. Quand on veut faire à des visiteurs distingués les

honneurs de son pays, on leur montre ses richesses sous leur meilleur jour.

On dit, il est vrai, que nous n'exagérons pas les scrupules de la modestie ; mais il faut bien avoir quelques défauts ; en avouant les nôtres, peut-être nous en pardonnera-t-on la moitié.

Il me reste cependant encore à parler à nos chers hôtes, de ceux qui les entourent plus particulièrement ici. Je n'ai à louer ni les personnes ni les actes, vous aurez sous les yeux tous les éléments pour les connaître. La Société de Géographie de Toulouse, qui n'a que deux ans et demi d'existence, compte déjà près de neuf cents membres. Son bulletin est riche en travaux remarquables et remarqués, et notre Exposition manifeste hautement l'ardeur, l'activité scientifique et la popularité de cette compagnie.

Ses membres ont voulu devenir géographes, non seulement pour connaître la patrie française et ce qui l'environne, mais aussi pour l'aimer davantage, si c'est possible, et pour apprendre à la servir plus utilement au besoin.

Messieurs, après avoir accompli ce simple devoir de souhait de bienvenue, j'ajoute ces derniers mots : La Société de Géographie de Toulouse cède de tout cœur la place au Congrès national de Géographie, dont M. le colonel Perrier a bien voulu accepter la présidence.

—

DISCOURS

DE M. LE COLONEL PERRIER, PRÉSIDENT DU 7ᵉ CONGRÈS DES SOCIÉTÉS FRANÇAISES DE GÉOGRAPHIE

MESSIEURS,

Un usage probablement contemporain de l'origine des assemblées — et des présidents, — veut que toute réunion s'ouvre par une allocution de celui qui est chargé de la diriger. Fidèle à une tradition si vénérable, je vais donc vous entretenir de quelques-uns des points du vaste domaine de nos études communes.

Avant tout, permettez-moi de remercier le comité d'organisation de m'avoir appelé à l'honneur de présider le septième congrès des Sociétés françaises de Géographie. Je lui en exprime toute ma reconnaissance, pour moi-même, mais aussi pour l'armée à laquelle je suis fier d'appartenir, pour le service géographique où mes collaborateurs à tous les degrés travaillent, eux aussi, aux progrès de la science.

C'est aux plus récentes explorations que le Président du Congrès de l'an dernier, M. Ferdinand de Lesseps, avait consacré son discours d'ouverture. Sans prétendre à vous présenter sur ce sujet un exposé aussi magistral que celui de mon illustre prédécesseur au fauteuil, je vous dirai d'abord quelques mots de ces explorateurs que l'opinion publique suit — que nous suivons tous — avec tant de sympathie dans cette noble lutte où les vaincus sont parfois aussi grands que les vainqueurs — *gloria victis* — et qui, tous à l'envi, veulent apporter quelques rayons de gloire au renom de la France dans l'histoire des progrès de l'humanité.

Parlant à des délégués de Sociétés de Géographie, je me garderai d'entrer dans des détails qui vous sont connus, et que ne comporterait pas une allocution. Mon but est seulement de présenter ici, groupées en faisceau, les plus récentes explorations françaises, afin de montrer pour quelle part notre activité nationale contribue à un progrès que, de leur côté, d'autres nations poursuivent avec ardeur.

Ce m'est un devoir de constater d'abord que, depuis quelques années, notre Parlement encourage cette activité, en dotant le ministère de l'Instruction publique de crédits de plus en plus larges pour le service des voyages et missions scientifiques. Peut-être nos Sociétés, par leur influence générale, ne sont-elles pas tout à fait étrangères aux bonnes dispositions que je signale ; en tout cas, elles doivent s'en montrer reconnaissantes, mais aussi travailler sans relâche à les entretenir, à les développer. Le budget des missions est encore trop étroit : plus d'un voyageur a vu son énergie, son dévouement, les circonstances favorables qui s'offraient à lui rendues stériles par l'insuffisance de ses moyens d'action.

Depuis notre réunion à Douai, nous avons pu saluer l'heureux retour de deux missions françaises envoyées en pays lointain pour étudier, l'une les profondeurs de l'Atlantique, l'autre les phénomènes météorologiques et magnétiques des abords du cap Horn.

Sur la côte d'Afrique jusqu'au Sénégal, dans les parages des îles du cap Vert, des Canaries et des Açores, dans les prairies flottantes de la mer de Sargasse, *le Talisman* a promené sa sonde, ses dragues et ses filets, sortes d'antennes au moyen desquelles, en attendant mieux, l'homme va scruter les parties les plus basses de la croûte superficielle du globe. On comprend tout ce que l'étude de ce mystérieux monde sous-marin renferme d'avenir. Avec son nom prédestiné, *le Talisman* a fait des pêches miraculeuses pour la science' qu'elles ont enrichie d'un trésor de révélations sur la faune de profondeurs où disparaîtraient nos plus hautes montagnes. Là pullule une population étrange, dont les appareils du navire ont ramené d'étranges spécimens ; représentants actuels de types connus seulement à l'état fossile, fines holothuries, crustacés aux couleurs éclatantes ou aux délicates nuances, éponges à l'aigrette de cristal, poissons-lucioles qui étoilent de leur phosphorescence l'obscurité des abîmes, bien d'autres êtres encore, aux formes bizarres, sont aujourd'hui livrés aux investigations des savants qui en dégageront, sans doute, des éléments précieux pour l'étude des nombreux problèmes de la zoologie.

Est-il besoin d'ajouter que cette croisière scientifique a enrichi la géographie de matériaux de premier ordre pour la connaissance des grands fonds maritimes, et pour la recherche des lois de répartition des êtres ? Se faisant, par avance, l'interprète de notre reconnaissance envers la commission des dragages sous-marins, la Société de Géographie de Paris a récemment décerné sa grande médaille d'or au président de la commission, à M. Alphonse Milne Edwards, membre de l'Institut, qui, par trois fois, a dirigé ces laborieux, mais fructueux voyages de découverte au travers des océans.

Pour réaliser l'idée émise par le marin autrichien Charles Weyprecht, un certain nombre de gouvernements avaient envoyé aux régions circumpolaires boréales et australes, des expéditions chargées d'y observer pendant un an les phénomènes atmosphériques et magnétiques.

La baie Orange, sur l'île Hoste, dans les environs du cap Horn, avait été choisie comme station pour notre mission française. Là, du 26 septembre 1882 au 1er septembre 1883, jour et nuit sans interruption, des observations de tout genre ont été effectuées conformément aux instructions données par l'Académie des sciences. Température et pression barométrique, état hygrométrique, régime des vents et des marées, variations des éléments du magnétisme terrestre, ont été méthodiquement enregistrés, tandis que le personnel de la station, dirigé par M. Courcelle Seneuil, lieutenant de vaisseau, se livrait à une foule d'autres observations intéressantes pour la géographie physique.

La Romanche qui, sous les ordres du commandant Martial, avait conduit et installé l'expédition à la baie Orange, a, de son côté exécuté un remarquable ensemble de travaux hydrographiques. La majeure partie de l'archipel magellanique dans le sud de la Terre de Feu, le canal du Beagle et les canaux qui le mettent en communication avec le détroit de Magellan, ont été reconnus ; les contours de la grande île Hoste, du côté de l'ouest, ceux du groupe des îles Wollaston ont été nettement dessinés et la nature des fonds a été déterminée par des sondages en grand nombre.

Rendant hommage au premier magistrat de la République française, et au savant illustre que la mort nous a récemment enlevé, le commandant Martial a donné le nom d'île Grévy à la plus septentrionale des Wollaston, et de presqu'île Dumas à l'une des presqu'îles de l'île Hoste.

Les cartes marines de l'extrême sud de l'Amérique reposaient sur les levés exécutés à un demi-siècle en arrière de nous par les Anglais King et Fitzroy ; elles vont subir des rectifications et des additions notables dont les navigateurs ne se loueront pas moins que les géographes, et qui feront marcher désormais le nom de *la Romanche* de pair avec ceux de l'*Adventure* et du *Beagle*.

L'homme de la Terre de Feu, qui en est encore à peu près à l'âge de pierre, méritait aussi de fixer l'attention. Ses caractères physiques, intellectuels et moraux, ses coutumes, son genre de vie, ont fait l'objet de sagaces et curieuses observations de la part des médecins de marine attachés, soit à la station de la baie Orange, soit à l'expédition de *la Romanche*.

Enfin, la double mission scientifique du cap Horn a fait affluer dans nos musées nationaux des collections considérables, mine précieuse pour les investigations de l'histoire naturelle et de l'ethnographie.

Sur ce même continent de l'Amérique du Sud, où les Français se sont fait une si belle part dans l'histoire des voyages, nous avions à l'œuvre, l'an dernier, M. Thouar. Rechercher les restes de l'expédition du docteur Crevaux, sauver peut-être des survivants, recueillir des informations sur le drame sanglant de Teyo, tel était son but. Il y a marché avec calme et courage. Parti d'Arica, il franchit les hauts plateaux, les hautes chaînes des Andes de Bolivie, pour redescendre dans la vallée de Pilcomayo; il se rend au milieu des Tobas qui ont massacré le docteur Crevaux, et là il constate qu'aucun n'a survécu des membres de la malheureuse mission. M. Thouar, cependant, a rapporté des contrées où il a fait son enquête des données nouvelles et précises, notamment une reconnaissance assez détaillée, avec un levé à la boussole des parties du Pilcomayo qu'il a suivies; ce cours d'eau considérable doit, selon lui, devenir une voie de communication commerciale entre la République de Bolivie et la République Argentine. L'accueil qu'il a reçu à l'Assomption et à Buenos-Ayres atteste l'importance qu'on attache à la réussite de cette entreprise; il l'a poursuivie à travers de périlleux incidents, au prix de fatigues et de difficultés devant lesquelles n'a point fléchi l'énergie de sa volonté. La relation que rédige M. Thouar permettra d'apprécier dans toute son étendue la portée du service dont la géographie est redevable à ce voyageur.

Ne nous éloignons pas de l'Amérique sans nous incliner en passant devant l'œuvre colossale qu'y poursuit Ferdinand de Lesseps, avec cette foi qui soulève les montagnes, cette vigueur que rien ne peut amoindrir. Mêler les eaux de trois océans en séparant quatre continents, n'eût-ce pas été là de quoi devenir plusieurs fois légendaire aux temps héroïques?

En mettant le pied sur le sol asiatique, des géographes français ne sauraient oublier la marque de sympathie due aux collaborateurs qu'ils y ont actuellement, nos soldats. Grâce à eux, l'explorateur parcourra prochainement tout l'Annam et le Tonkin, sans voir s'ajouter aux difficultés naturelles du voyage, les entraves causées par la timtdité ou la duplicité des mandarins.

A Luçon, voici le zélé M. Alfred Marche qui, depuis plus'eurs années, parcourt la grande île ainsi que les petites îles voisines; occupé spécialement à recueillir, pour le Muséum, des représentants rares et curieux de la belle faune des archipels malais, il réunit aussi des collections pleines d'intérêt pour la géographie commerciale.

La catastrophe du détroit de la Sonde est un évènement trop considérable pour que la géologie ne se soit pas préoccupée d'en bien connaître les causes et les effets, afin d'y découvrir quelques données nouvelles sur le développement et le mode d'action des forces qui produisent de semblables bouleversements.

MM. R. Bréon et Khorthals, chargés d'une mission du ministère de l'Instruction publique, ont été sur place examiner l'état des choses. Ils ont constaté la fin de la période éruptive du Krakatoa et vérifié, non sans quelques périls, que les vapeurs dont s'entoure le volcan sont en réalité des poussières produites par la chute des matériaux qui se désagrègent sous l'action directe du soleil. Les îlots, qui avaient surgi à la suite de l'effondrement d'une partie du Krakatoa, ont eux-mêmes disparu. En revanche, sur la côte ouest de Java, se distingue nettement la zone de désolation de la formidable vague qui a tout ravagé. A Telok-Betong, à Anjer, aux îles Siboukou et Sibesi, M. Bréon et Korthals ont visité les épaisses couches de boue crevassée sous lesquelles des populations entières ont été brusquement ensevelies.

Les vastes territoires de l'Annam, du Cambodge, du Siam, qui environnent la Cochinchine française, ont été le théâtre de deux explorations importantes à des titres divers. Les auteurs vous en sont déjà bien connus : c'est le capitaine Aymonier et le docteur Néis.

M. Aymonier, ancien résident de France au Cambodge, poursuivant des recherches où il s'est déjà fait un nom, s'est assigné la tâche de déchiffrer, sur le terrain, les énigmes à peine entrevues de la plus ancienne histoire de ces contrées.

Le bras droit du Mékong et le grand lac le conduisirent dans

la région des belles ruines khmers ; il la sillonna d'un itinéraire
sinueux, en relevant de nouveaux monuments et fixant la position
encore indécise de plus d'un point. Il s'avança, de là, dans l'Est,
où les monts Khoulen lui offrirent, pour la première fois, des inscriptions rupestres, et atteignit les monts Thbeng, qui l'intéressèrent
surtout par leur structure en forme de tables. Le territoire des
« cent mille sources » qui vont grossir le Stung-Sen, le conduisirent
dans les provinces siamoises de Melou-Prey et de Toulé-Repau,
d'où, en remontant le Mékong, il rentrait sur le territoire cam-
bodgien. Enfin, tantôt par le fleuve, tantôt à travers d'épaisses
forêts, il reprenait la route du Sud, et revenait, après un détour
dans l'Est, aux plaines basses et noyées que traverse sur ce point
la frontière de la Cochinchine.

Tout le long de sa route, il n'a pas cessé de consulter les mouvements, de les étudier, de recueillir des inscriptions et des légen-
des, de s'entourer de tous les renseignements possibles sur les
questions qui le préoccupent. Il n'a point, pour cela, négligé les
intérêts de la géographie, et rapportera certainement des levés, des
croquis, des informations propres à compléter ou à préciser la description de contrées sur lesquelles nous ne saurions être trop renseignés.

Le docteur Paul Néis est l'un de ces médecins de la marine auxquels les sciences qui nous occupent sont redevables de tant de
progrès. Du 12 décembre 1882 au 10 juin 1884, c'est-à-dire pendant
près de dix-huit mois, il a parcouru le haut Laos. Une longue
navigation sur le Mékong l'amenait à la rivière Nam-San, affluent
de cette partie de son cours où le grand fleuve chemine de l'Ouest
à l'Est. En remontant le Nam-San, il arrivait sur les vastes plateaux, inconnus avant lui, qu'habitent les Poueuns. Il y trouva
cependant, à Muong-Ngan, deux missionnaires français ; mais le
Laos est ravagé par une invasion de Hos, sorte de Taïpings ou de
Pavillons noirs que déversent les provinces limitrophes de la Chine.
Devant l'imminence d'une attaque, à laquelle les trois français
eussent été presque seuls à résister, M. Néis et les missionnaires
durent quitter précipitamment Muong-Ngan, en y abandonnant
leurs bagages. Forcé de renoncer à la voie de terre pour gagner
l'Ouest, M. Néis redescend le Nam-San, reprend le cours du Cam-

bodge, suit de Paklaye à Thadua l'itinéraire de Mouthot, et atteint enfin Luang Prabang.

Cette localité devint son point de départ pour la reconnaissance faite, à l'aller et au retour, de grands cours d'eau, entre autres le Nam-Hou, qui naissent dans le Yunnan et figurent encore en pointillés sur les cartes les plus complètes.

Les évènements rendant impossible le retour par le Tonkin, M. Néis dut prendre Bangkok comme objectif. Le Nam-Kok, affluent inexploré de la rive droite du Mékong, le Nam-Lao, qui coule au milieu de riches forêts de tek, puis les étapes de Xieng-Maï, sur le Nam-Ping, de Lakhone et de Laheng, l'amenèrent à la capitale du royaume de Siam.

Précieuses et abondantes sont les notes réunies dans le journal de cette longue route qui, en plusieurs de ses parties, aborde des régions entièrement neuves. Des renseignements géographiques appuyés sur des déterminations de latitude, le tracé de quatre affluents inexplorés du Mékong, et de plusieurs affluents peu connus du Ménam, des observations en grand nombre sur l'histoire naturelle et l'anthropologie, un registre météorologique tenu régulièrement jusqu'à Bangkok, enfin, des documents relatifs au commerce et à l'industrie des pays parcourus, tels sont les fruits d'une exploration où le docteur Néis a déployé autant de savoir que de conscience et de courage.

Notre collègue, l'infatigable M. Edmond Cotteau, a donné récemment la relation de sa traversée de l'Asie, de l'Ouest à l'Est. Une traversée en sens inverse a été accomplie par MM. Benoist Méchin et de Mailly Chalons. Des confins de la Corée, à travers la Mandchourie, la Sibérie méridionale, les Khanats de Khiva et de Bokhara, l'oasis de Merw dont on a tant parlé en ces derniers temps, ils ont regagné la mer Caspienne, puis l'Europe.

Il ne faudrait point leur demander un tracé de leur itinéraire, car ils ne voyageaient pas avec des préoccupations d'ordre géographique ; mais, s'ils rédigeaient la relation de ce long voyage, on y trouverait certainement des descriptions colorées, d'intéressants aperçus au sujet des populations, des vues ingénieuses sur la situation politique et l'avenir des Etats de l'Asie centrale.

En tout cas, il faut les féliciter d'avoir préféré aux mollesses de la vie élégante les risques, les brutalités, les rudes fatigues d'une vie d'aventures dans des pays qui ne sont pas encore facilement abordables. Souhaitons aussi qu'ils trouvent de nombreux imitateurs dans ce genre de *sport* qui exige des qualités viriles.

L'Arabie est en ce moment parcourue par un missionnaire du ministère de l'Instruction publique, M. Charles Huber, qui l'a déjà visitée une fois, et dont l'exploration a donné des résultats géographiques d'une certaine importance que se dispose à publier la Société de Géographie de Paris.

Le voyage qu'il accomplit aujourd'hui a ramené M. Huber à Haïl, capitale du Djebel-Shammar; il y a trouvé, auprès de l'émir Ebu-Réshid, la bienveillance éclairée qui lui avait tant facilité le précédent voyage.

Cette fois, c'est sur l'Ouest, sur Teïmeh, qu'il a dirigé ses excursions. Tout le long de la route, il a estampé des inscriptions des plus anciennes époques de l'histoire d'Arabie. Ayant acquis à Teïmeh quelques pierres qui portent de ces inscriptions, il les a déposées à Haïl pour les acheminer en France. Une copie de son journal de route, qui nous est parvenue, atteste l'activité du voyageur et renferme une grande abondance d'observations qui relèvent de la géographie.

Sa dernière lettre au ministère de l'Instruction publique était datée de Djeddah, le 20 juin 1884. Malgré les dangers de cette entreprise, M. Huber projetait alors de gagner Er Riad, dans l'est de la péninsule arabique.

Les difficultés de tout genre des voyages en Arabie donnent un prix tout particulier aux documents dont M. Huber aura enrichi non-seulement la géographie, mais encore l'épigraphie des époques préislamiques.

L'Afrique, qui se défend de toute sa puissance contre les assauts de la civilisation, a le privilège de captiver particulièrement l'attention publique; c'est un champ immense où, presque à nos portes, subsistent de grands problèmes de géographie, où l'industrie et le commerce cherchent leur expansion. L'avant-garde hardie de ces intérêts compte plus d'un de nos nationaux. Tout récemment sont revenus M. Georges Révoil, après un effort énergique, mais infruc-

tueux, pour pénétrer au pays des Çomalis, et M. Charles de
Foucauld, après deux longs trajets du nord au sud, puis de l'ouest
à l'est du Maroc. Sur le terrain de l'action sont actuellement M.
Victor Giraud, enseigne de vaisseau, qui parcourt la région des
grands lacs, et M. de Brazza, qui tient vaillamment le pavillon
français sur les bords du Congo.

Lors de la réunion des Sociétés françaises de Géographie à Montpellier, M. G. Révoil nous a donné la relation de son premier
voyage dans le nord du pays des Çomalis. Il en a, comme vous le
savez, accompli un deuxième, dont les résultats ont été justement
remarqués. Cette année il entreprenait le troisième, avec l'intention
de pénétrer chez les Çomalis par le Sud.

Magadoxo fut son point de débarquement sur la côte, et, pour
la marche en avant, il fallut traiter avec Omar Yousouf, frère du
despote qui, en 1865, avait empoisonné le voyageur Hinzelbach,
envoyé à la recherche du baron von der Decken.

A peine en route, M. Révoil est attaqué à deux reprises, mais
réussit cependant à atteindre Guélidi, sur les rives de la Ouébi, où
il pouvait se croire relativement en sûreté. Une nouvelle attaque,
plus imprévue que les précédentes, entraîna la dispersion de la
caravane, dont la formation n'avait pas exigé moins d'un mois.
Six autresmois se passèrent à attendre l'effet des promesses d'Omar
Yousouf, à subir des humiliations et des extorsions incessantes.
Enfin, le voyageur avait pu se mettre en route pour Gananeh,
quand, au sortir de Guélidi, la caravane, péniblement reconstituée,
fut cernée par les Bédouins et de nouveau pillée ; il s'en fallut de
peu que M. Révoil ne fût massacré. Cependant d'autres tribus
barraient la route, et le voyageur italien Sacconi avait été assassiné
à quelques journées de marche vers le Nord. Continuer à s'avancer
dans le pays avec quelques hommes, sur la fidélité desquels il n'y
avait pas à compter, eût été une folie; M. Révoil ne la fit pas, et
nous devons l'en féliciter. Il revint à Guélidi, et put se convaincre
alors qu'Omar Yousouf était à la tête des complots organisés pour sa
perte. Sans cesse en présence du fer ou du poison d'un tel
ennemi, dont il était le prisonnier, il n'avait plus d'autre ressource que de se dérober ; c'est ce qu'il fit pendant une nuit, après
avoir assuré, par un stratagème, l'envoi à Magadoxo des débris de

sa caravane. Le lendemain matin, après une marche semée de périls, il atteignit enfin la côte. Six mois de patience et de courageux efforts avaient abouti à trois jours de route, à peine, vers l'intérieur. Ce temps-là, toutefois, il l'avait laborieusement employé dans l'intérêt de la science. Quand la mousson lui permit d'affréter une barque, il prit la mer et visita tout le littoral, dans ses moindres détails, jusqu'à Zanzibar où il était de retour le 7 mars. Nous devons un hommage au courageux serviteur, Julian Tesseire, dont le dévouement pour M. Révoil dans les circonstances les plus périlleuses, a été au-dessus de tout éloge.

Si l'énergie, le sentiment profond du devoir et la patience suffisaient à assurer le succès des voyages, M. Révoil aurait certainement accompli son programme. Bien que cette mission ait été interrompue, le ministère de l'Instruction publique n'en pourra pas moins la compter comme l'une des plus fructueuses de l'année. Le missionnaire, en effet, a déterminé des positions astronomiques, tenu régulièrement un registre météorologique, dressé une carte par renseignements, exécuté une série de photographies et réuni d'abondantes collections d'anthropologie, d'ethnographie et d'histoire naturelle.

Dans l'ouest des vastes nappes allongées du Tanganyka et du Nyassa, environ par la latitude de la pointe nord de Madagascar, les cartes donnent un lac de forme elliptique, le lac Banguéolo, découvert par Livingstone, qui mourut sur ses rives méridionales. C'est sur le Banguéolo, comme première étape d'une traversée projetée de l'Afrique, que s'est dirigé M. V. Giraud. Un voyage heureux, quoique fort difficile, commencé à Dar-es-Salam, l'a conduit par l'Oussagara, la vallée du Roufidji, le Rouhaha, dans les montagnes de Koudi, à la pointe nord du Nyassa. Le royaume d'Ouemba, et d'autres petits États, qu'il dût traverser en marchant dans le Sud-Ouest, opposèrent à sa marche des difficultés sérieuses, des lenteurs préjudiciables ; toutefois, vers le milieu de l'année dernière, il abordait enfin le Banguéolo par sa rive nord. Le lac n'est, en réalité, qu'un marais immense, avec une étendue d'eau libre d'une cinquantaine de kilomètres seulement, et la rivière Louapoula, que Livingstone avait indiquée comme sortant du lac par le Nord-Ouest, en sort par le côté opposé. A partir du Banguéolo, commença pour M. Giraud une vie de misères et de lutte. Quittant le lac par le cours du Louapoula, il se vit arrêté par des nuées d'indigènes contre lesquels, à la tête d'une escorte de huit hommes, il ne pouvait point songer à engager la bataille. Fait prisonnier, il dut abandonner la moitié de son matériel, et l'embarcation si péniblement transportée depuis la côte. Après deux mois de captivité, pendant lesquels lui et son monde souffrirent les plus dures privations, il réussit à s'enfuir et à rejoindre une partie de sa caravane, qui, en quittant le Banguéolo, avait été acheminée par terre sur le royaume de Cazembé. Là, d'autres vicissitudes attendaient le voyageur qui dut se retirer de vive force, pour prendre la direction du lac Mœro et gagner à grand'peine le Tanganyka, où il arrivait exténué et complètement désemparé. Les ressources de la station belge de Karéma lui permirent de reconstituer une caravane et de retrouver des moyens d'action, à l'aide desquels il se proposait de traverser le pays de Marungu, pour arriver sur le haut Congo et redescendre le fleuve jusqu'à l'Atlantique.

Doué d'une santé que de rudes épreuves n'ont pas altérée, d'un grand calme et d'une résolution qui ne se dément jamais, M Giraud s'est placé d'emblée au rang des meilleurs explorateurs. La partie achevée de son voyage apportera déjà une contribution considérable à la géographie de contrées où tant de problèmes sont encore à résoudre.

Arrivons à ces régions du Congo et de l'Ogôoué où les explorations ont pris une grande activité depuis la fondation, par le roi des Belges, de l'Association internationale africaine, depuis que MM. de Brazza et Stanley rivalisent de vigueur pour soutenir des intérêts qu'on a peut-être trop considérés comme opposés. Nous n'avons ici qu'à enregistrer les progrès, et il faut reconnaître qu'ils ont été considérables. A quelques années en arrière, le regretté de Compiègne et M. Marche avaient grand'peine à remonter l'Ogôoué, par suite de la compétition entre les tribus qui se disputaient le cours du fleuve. M. de Brazza lui-même, avec le docteur Ballay, après qu'ils eurent découvert l'Alima et la Licona, soutinrent une lutte contre les Apfourous. Aujourd'hui, M. de Brazza, presque seul, se rend directement, il ne faut pas dire

encore tout-à-fait confortablement, de l'Ogôoué aux rives du Congo.
Ce serait retarder trop l'ouverture du Congrès que d'entrer ici dans
le détail des opération s de M de Brazza auquel sa mission impose
de rayonner dans la région la plus avancée de l'ouest africain. Il
n'y ménage ni ses peines, ni son activité, ni son dévouement, et
s'applique à gagner les populations par des moyens pacifiques ;
allant et venant entre Franceville et l'Alima, l'Alima et Brazzaville,
bien au-delà même, sur le Congo, il conclut des traités, nous
fait des amis et prépare l'avenir. Ce n'est point un avenir immédiat,
on ne peut trop le répéter aux impatients, et les récoltes du genre
de celles que fait mûrir M. de Brazza exigent plus d'une saison.

En attendant, depuis son départ, les données de la géographie
se sont accrues d'une façon notable. Grâce au docteur Ballay, le
méritant et dévoué compagnon de la première heure, qui, depuis
plusieurs années, n'a pas quitté le terrain des opérations, une
embarcation a pu être transportée et lancée sur l'Alima, dont un
levé a été exécuté. D'autre part, M. Mizon, lieutenant de vaisseau,
envoyé naguère par le comité français de l'Association africaine,
ayant terminé sa tâche dans la région qui sépare Franceville du
Congo, est revenu à la côte par une route toute nouvelle. Elle part
de Franceville, coupe les hauts affluents de droite du Niari-Quillou,
et aboutit à l'Océan, entre Loango et Mayoumba. Elle marque sur
le blanc de la carte ou au milieu de tracés indécis, un itinéraire
dont les nombreux détails sont relevés avec grand soin, et dont
la direction générale s'appuie sur des déterminations astronomiques. Enfin, profitant de quelques mois de séjour à la côte où il
avait accompagné M. de Brazza, M. Dutreuil de Rhins a fait un
levé à la boussole, de près de 600 kilomètres, de l'Ogôoué, entre
Lambaréné et la rivière Lolo. Nous avons ainsi un premier figuré
détaillé de cours d'eau, dont les géographes entendent prononcer
le nom depuis plusieurs années.

L'effort de nos pionniers dans cette partie de l'Afrique, est digne
à tous égards des sympathies publiques, et le Parlement s'y est
associé, en votant récemment le crédit nécessaire à la continuation
de la mission française dans l'Ouest africain.

Au voisinage immédiat de l'Algérie s'étend une riche contrée,
« l'Ouest-lointain, » où l'Océan seul arrêta les conquérants arabes ;

admirable pays aux formes variées, aux vallées fertiles, aux
montagnes neigeuses qui alimentent de longs cours d'eau, le
Maroc mériterait d'être mieux connu ; mais le fanatisme indigène,
qui se sent en face de l'ennemi, rend les explorations tout particulièrement difficiles aux chrétiens. Si le triangle qui a pour
sommets Tanger, Melilla et Mogador, est relativement connu, on
compte les explorateurs qui ont franchi l'énorme Atlas et abordé les
contrées qu'il domine au Sud.

Sans bruit et sans escorte, partait de Tanger, l'année dernière,
M. Charles de Foucauld, qui, par Meknès, gagna la province
montagneuse de Tadla, l'Oued-el-Abîd, tête de l'Oum-er-Roubia,
puis le grand Atlas qu'il passait au col de Glaoui, puis le petit Atlas,
au-delà duquel s'étend l'infini du Sahara. Pendant un assez long
séjour dans cette contrée, il fit une pointe sur le cours de l'Ouad
Draa, tributaire de l'Atlantique. Ses ressources étant épuisées,
M. de Foucauld revint sur Mogador. Il avait terminé son premier
voyage, mais il en projetait un second bien autrement aventureux,
et qu'il a pu cependant réaliser. C'est, en effet, en redescendant
vers le Sud, tournant à l'Est et longeant les contreforts méridionaux
de l'Atlas dans toute sa longueur, qu'il a regagné le haut cours de
la Moulouya, et enfin la province d'Oran. M. de Foucauld s'est tiré
de cette entreprise hardie et périlleuse à son honneur et au profit
de la science, car il rapporte des notes serrées, des croquis, des
tours d'horizon, des observations de latitude et de longitude. La
mise en œuvre de ces matériaux permettra, entre autres choses,
de donner au figuré de cette partie du Maroc une exactitude et
une sûreté qui lui manquent jusqu'ici.

Ces marches et contremarches à travers des régions de l'Afrique
dont les noms, bizarres d'ailleurs, ne nous sont point encore
familiers, font entrer dans les géographies, trop lentement parfois,
une quantité considérable de renseignements de toute nature. Elles
viennent aussi s'inscrire sur les cartes ; mais dresser actuellement
une carte de l'Afrique, c'est un peu broder une toile de Pénélope,
car de nouveaux voyages viennent constamment modifier ou compléter les traits antérieurs. Le capitaine de Lannoy vous le dirait,
lui qui, depuis plusieurs années, porte sur une grande carte d'Afrique
les résultats des explorations anciennes et récentes. Cette œuvre, que

public le Dépôt de la guerre, est étudiée avec un soin extrême, d'après les matériaux originaux, et les notices explicatives, qui l'accompagnent, la complètent au gré des géographes.

Sur l'exemplaire envoyé à votre exposition, vous verrez que la carte du capitaine de Lannoy est au courant des plus récentes acquisitions de la géographie ; elle donne, entre autres, les reconnaissances du cours de l'Ogôoué par M. Dutreuil de Rhins, les itinéraires du lieutenant de vaisseau Mizon, entre le haut Ogôoué et la côte, enfin les principales lignes de marche des compagnons de Stanley, entre le Congo et l'Océan.

Quand nous arrivâmes en Tunisie, les seuls éléments géographiques solides qu'on possédât sur ce pays étaient— outre les cartes hydrographiques d'une partie du littoral, levées il y a quelques années par le commandant Mouchez— la carte dressée vers le milieu du siècle par le Dépôt de la guerre, d'après les opérations du danois Falbe, continuées et complétées par le capitaine d'état-major français Pricot de Sainte-Marie. Pour des raisons indépendantes du mérite des auteurs, cette carte, d'ailleurs sérieusement établie, était restée incomplète, mais elle a rendu trop de services pour n'avoir pas droit à la reconnaissance des géographes. Elle ne comprenait point, du côté du Nord, le massif de la Kroumirie et des Mogods, demeuré impénétrable jusqu'à l'expédition dernière, bien qu'il fût voisin du territoire de Constantine. Du côté du Djérid, elle laissait particulièrement à désirer, et les documents relatifs à cette région étaient limités aux itinéraires déjà anciens de M. Duveyrier, à un travail de M. Chevarrier sur la contrée au sud de Gabès, et aux levés récents exécutés dans la région des Chotts par le commandant Roudaire.

En 1876, les Italiens, dans leur liaison trigonométrique de la Sicile avec la Tunisie, avaient déterminé plusieurs des sommets tunisiens; bientôt après, je fixais Carthage en latitude et longitude; puis, secondé par des topographes habiles, j'exécutais quelques itinéraires, des plans d'environs de villes, avec un levé de la vallée de la Medjerdah et de la presqu'île d'Hammamet.

L'envoi d'un corps expéditionnaire était une occasion excellente pour renouveler la géographie encore trop flottante de la Tunisie. Des topographes attachés, sur ma demande aux diverses colonnes expéditionnaires, levèrent les terrains d'opération, et l'assemblage de ces premiers itinéraires marqua bien les vides à combler pour avoir une carte, sans interruption, de toute l'étendue de la Régence.

Enfin, l'année 1882 a marqué le commencement des levés méthodiques. De proche en proche, les officiers ont couvert le pays de triangles reliés entre eux, et à la triangulation ancienne de Falbe ; la position de Carthage et l'un des côtés de la triangulation italienne ont fourni les éléments de toute cette charpente géodésique.

Les topographes ont activement poussé leur tâche, et au commencement de 1885, les derniers travaux auront pris place sur la carte de Tunisie au 200,000ᵉ que publie le Dépôt de la guerre ; elle inaugure une ère nouvelle pour la géographie de cette partie de l'Afrique, en même temps qu'elle montre le progrès accompli dans les procédés de levé sur le terrain.

Cette carte sera un précieux instrument pour l'enquête que les archéologues et les naturalistes du ministère de l'Instruction publique ont entreprise sur le sol tunisien. Dirigés par l'éminent et regretté M. Tissot, les archéologues — et nos officiers ont aussi apporté leur pierre à cette reconstitution idéale du passé — ont déjà découvert ou identifié un grand nombre de stations de l'occupation romaine ; ils ont fait sortir de terre des restes qui nous reportent jusqu'à la civilisation des Phéniciens.

D'autre part, sous la direction de M. Cosson, membre de l'Institut, des botanistes ont parcouru le pays, étudié sa flore en la comparant aux flores voisines d'Algérie et de Sicile, et recueilli des informations précieuses sur le parti à tirer de la Tunisie, au point de vue agricole ou forestier.

D'ici à quelques années, l'exploration de la Tunisie aura donné à la science des résultats considérables, et ces conquêtes-là, digne couronnement de l'œuvre de nos soldats, méritent toute la sollicitude du pays.

En passant de la Tunisie à l'Algérie, nous nous rapprochons de ces travaux qui donnent le figuré détaillé et définitif d'un pays.

Dès les premiers temps de l'occupation, en 1830, les ingénieurs géographes, aidés plus tard des officiers d'état-major, entreprirent les premiers levés de l'Algérie. De proche en proche, à mesure qu'avançaient les colonnes ou que s'implantait l'administration,

furent exécutés des levés dans les territoires d'Alger, de Constantine
d'Oran. Reliés entre eux par des triangulations expéditives, des
recoupements de sommets et quelques déterminations astronomiques, ils permirent au Dépôt de la guerre d'établir des cartes où
se résumait toute la première phase de la topographie en Algérie;
mais de nos jours, ces cartes ne répondaient plus ni aux besoins
des services publics, ni aux conditions de haute précision requises
par la science.

Le commencement d'une nouvelle période a été marqué par
l'application récente des douze premières feuilles de la carte
topographique régulière de l'Algérie, à l'échelle du 50,000ᵉ.
Pour tout le nord de l'Algérie, nous sommes sortis de l'ère des
reconnaissances et levés sans liaison méthodique d'ensemble. Sur
des chaînes de triangles formant l'ossature géodésique du Tell,
sont venues se greffer toutes les opérations auxquelles une carte
doit les qualités qu'on exige d'elle actuellement. Cinquante feuilles
déjà levées sur le terrain seront terminées avec l'année courante,
grâce à l'accélération apportée aux travaux de gravure par l'emploi
du zinc au lieu du cuivre ou de la pierre.

Si j'ai quelque peu insisté sur nos travaux en Tunisie et en
Algérie, c'est qu'il faut compter, dans la si méritante phalange des
explorateurs, ces officiers topographes qui perfectionnent de plus en
plus la représentation des formes d'une contrée. Les uns vont
reconnaître en territoire hostile, comme l'ont fait les officiers
envoyés dans le Sud-Oranais, le terrain encore à peine connu sur
lequel s'accompliront les opérations de l'avenir; d'autres, en avant
et sur les flancs des colonnes, vont fouillant le pays pour éclairer
le commandement, signaler les passages difficiles et les caractères
du sol; d'autres enfin couvrent de triangles des territoires immenses,
démêlent le chaos des massifs montagneux, avec leurs contreforts
et leurs vallées, et déterminent l'emplacement des centres de
population. Les uns comme les autres ne s'épargnent point, je
puis vous l'assurer. La vie nomade du géodésien et du topographe
est accompagnée, même en Algérie, de fatigues excessives, de
misères et de risques qu'on ignore ou qu'on méconnaît généralement.

A aucune époque, l'homme n'a déployé autant de vigueur et de volonté que de nos jours dans la conquête du globe, et vous voyez que les explorateurs français apportent une large part d'efforts dans cette lutte imposée à nos civilisations par le noble désir de savoir, mais aussi par les nécessités impérieuses de l'existence. Les voyages offrent un puissant intérêt qui touche souvent au drame. Nous y voyons l'énergie, la décision et le sang froid d'un homme, souvent seul, en lutte contre les puissances écrasantes de la nature, contre la sauvagerie, l'inintelligence, le fanatisme des nations qu'il aborde.

Quand cet homme a péniblement ouvert une première voie dans l'inconnu, quand d'autres explorateurs après lui ont croisé et recroisé leurs lignes de marche, multiplié leurs observations, fait connaître la structure générale de la contrée parcourue, nous sommes bien éloignés encore d'en avoir une carte détaillée et définitive. Consultez, en effet, les géographes chargés d'établir la première carte d'un pays nouveau, réduits à s'appuyer sur des itinéraires et des renseignements de provenances diverses ; ils vous diront tout ce qu'ils y rencontrent encore de doutes et d'incertitudes, les embarras souvent insolubles où vient se heurter la critique dans l'interprétation des textes ou des levés.

Il y a bien loin, Messieurs, de ces ébauches aux cartes modernes de nos grands empires qui servent à la fois à nos armées, à nos ingénieurs, à tous les besoins du commerce, de l'administration et des finances. Une bonne carte est, à notre époque, un besoin de premier ordre, et l'on peut dire, sans exagération, que la perfection de la cartographie d'un pays donne la mesure de son degré de civilisation.

Jetons un rapide coup d'œil sur l'histoire de ces progrès. La géographie a commencé par des itinéraires : dans les temps antiques, une armée romaine emportait avec elle, en quittant l'Italie, pour porter ses aigles aux confins de l'empire, non pas une carte, mais un itinéraire, c'est-à-dire un long rouleau tel que celui que l'on conserve à la Bibliothèque de Vienne sous le nom du savant qui l'a retrouvé, Peutinger, sur lequel on avait inscrit, l'un après l'autre, les noms de toutes les étapes à franchir.

Aujourd'hui, quand une armée française entre en campagne, nous distribuons d'avance aux généraux, aux officiers, voire même à de simples soldats, des milliers de cartes des régions à parcourir, cartes où les routes, les moindres chemins, les rivières et les moindres ruisseaux, les montagnes et les moindres collines, les villes et jusqu'aux chaumières isolées, sont indiqués avec une précision telle que les erreurs les plus fortes ne s'élèvent jamais qu'à quelques mètres.

Au début de ces colonies anglaises qui ont fini par s'émanciper et fonder la puissante république des États-Unis, les premiers ingénieurs, pour débrouiller leur immense territoire et y tracer leurs premières routes, suivaient tout bonnement les sentiers frayés par les troupeaux sauvages de bisons. De même, dans l'ancien monde, les armées, l'administration, suivaient les routes frayées et fréquentées par des colporteurs. Mais bientôt, après les grandes expéditions d'Alexandre, on comprit qu'il fallait autre chose. La géographie, c'est-à-dire l'étude du globe terrestre, prit naissance en s'aidant de l'astronomie ; on imagina les canevas des cartes, on représenta les points du globe par des coordonnées en longitude et en latitude. Enfin, on comprit que la base de tout, c'était de mesurer d'abord le globe terrestre afin d'être en état de transformer les distances linéaires en degrés de méridien ou de l'équateur.

Mesurer la terre, voilà certes une entreprise audacieuse. Le premier qui l'ait tentée est justement le père de la géographie scientifique, un savant grec de l'école d'Alexandrie, Eratosthène. En Égypte, le cadastre était un besoin de premier ordre, à cause de la nature de la propriété. C'était le seul pays au monde qui en possédât un. Il avait été levé au pas par une armée d'inspecteurs allant, les uns du Nord au Sud, les autres de l'Est à l'Ouest. Eratosthène déduisit de leurs mesures la distance en stades d'Alexandrie à Syène, sous le tropique du Cancer. C'était un arc de méridien d'une belle longueur. Puis, par des observations astronomiques, aux deux extrémités de cet arc, il mesura l'amplitude angulaire, c'est-à-dire le nombre de degrés et de minutes qu'il comprenait dans le ciel. Une simple proportion lui donna le tour entier de la terre, et par un petit calcul de géométrie, il en déduisit le rayon de notre globe considéré comme une sphère parfaite. Il montra ainsi qu'en mettant bout à bout tous les itinéraires des voyageurs et des marins à l'Ouest, et à l'Est ceux des armées macédoniennes et des marchands qui avaient pénétré jusqu'en Chine, on ne pouvait de son temps se flatter de connaître plus d'une moitié du globe terrestre, entre l'Atlantique d'un côté et les côtes de l'Extrême-Orient de l'autre.

Si nous franchissons la sombre période de la chute de l'empire romain et du moyen-âge, nous n'y trouverons rien de nouveau pour la géographie, ni pour cette science d'abord accessoire, la géodésie, qui est devenue, de nos jours, une science complète de la plus haute importance. L'ignorance en ces matières était devenue si profonde, que les navigateurs anglais se trompaient d'un sixième sur les dimensions du globe, d'un sixième par conséquent sur toutes leurs distances.

C'est en France que renaît la géographie, et que débutent les expéditions scientifiques qui n'ont cessé d'être poursuivies depuis par toutes les nations. Colbert avait besoin d'avoir une carte exacte de notre pays pour les grandes entreprises qu'il rêvait. Il s'adressa à un astronome, l'abbé Picard, qui lui présenta, quelques mois après, le plan d'une opération gigantesque, dans laquelle, pour éviter l'accumulation des erreurs, il fallait mesurer, par les procédés les plus exacts, une longue triangulation à travers notre pays, depuis Dunkerque jusqu'aux Pyrénées, et faire servir cette base immense au levé topographique du reste du territoire. L'opération, commencée par Picard, fut confiée ensuite aux Cassini qui eurent le grand mérite de la mener à bonne fin.

Dès cette époque, Messieurs, on comprenait que ces grandes opérations ne devaient pas servir seulement aux intérêts matériels d'une nation : la science pure elle-même se trouvait appelée à en tirer profit, pour étudier désormais non plus les dimensions, mais la figure de la terre. Huygens en France, Newton en Angleterre, avaient montré que la terre ne pouvait pas être une sphère parfaite, mais devait être un sphéroïde très sensiblement aplati aux pôles. La science réclamait une vérification. Celle-ci ne pouvait résulter que de mesures analogues à celles de la France effectuées au pôle et à l'équateur. L'Académie se résolut à les entreprendre. Elle envoya Clairaut et Maupertuis en Laponie, Bouguer et Lacondamine au Pérou, et le monde entier eut, pour la première et unique fois, ce spectacle sublime de voir les savants géodésiens se disperser à la surface de notre globe, pour en déterminer enfin la figure. Le succès le plus complet couronna ces efforts, et vint montrer que la terre n'est pas une sphère, et que son diamètre polaire est plus court d'un trois-centième que son diamètre équatorial.

Encore un troisième effort, un troisième progrès que le monde civilisé doit à la France : je veux parler de l'établissement du système décimal métrique des poids et mesures. Frappés de l'immense lacune que la perte des étalons de mesure des Grecs et des Romains avait laissée dans nos connaissances, les savants voulurent cette fois prendre leur étalon fondamental dans la nature, dans les dimensions mêmes du globe terrestre, afin qu'on pût en tout temps, après tous les bouleversements possibles, en retrouver la valeur, en mesurant de nouveau le globe terrestre. Les anciennes mesures de Cassini ne suffisant pas, on résolut de recommencer la mesure du méridien de Paris, depuis Dunkerque jusqu'à Barcelone. C'est pour cette grande opération, confiée aux astronomes Delambre et Méchain qu'il fallut renouveler entièrement les instruments de mesure et créer des méthodes nouvelles de calcul, afin d'obtenir la précision requise. Là est la véritable origine de la géodésie actuelle, là est le modèle qui depuis a été suivi par toutes les nations. Et l'on nous dit que les Français ne savent pas la géographie ! Rien n'est moins vrai, Messieurs, ce sont les Français qui ont créé la géographie scientifique, et les autres peuples n'ont fait que les imiter, en introduisant dans l'œuvre de nos savants quelques progrès de détail.

Une nouvelle carte de France est résultée de ces nouveaux travaux. Elle a été commencée par nos ingénieurs géographes, et terminée par nos officiers d'état-major. Vous l'avez vue à l'Exposition de 1878, couvrant, sur le plus grand panneau mural qu'on ait pu y trouver, une superficie de 144 mètres carrés.

La France avait achevé son œuvre; les autres nations commencèrent la leur, l'Angleterre d'abord, puis quelques petits pays d'Allemagne, puis le grand empire de Russie; enfin tous se mirent à nous imiter, couvrant l'Europe d'un immense réseau de triangles, dont les principaux sommets furent déterminés astronomiquement. L'Angleterre exécuta, pour son empire des Indes, des travaux analogues sur la plus grande échelle. Les États-Unis entrèrent aussi dans la carrière. Partout les officiers d'état-major rivalisèrent avec les astronomes pour porter dans ces opérations toute la précision nécessaire.

Les immenses ressources d'hommes et d'argent que les gouvernements durent consacrer à ces opérations, n'auraient jamais été accordées à la science seule. Mais puisque ces travaux nécessaires aux armées et au génie civil étaient effectués, il était naturel de chercher à les utiliser pour des recherches de haute géodésie, pour une étude plus approfondie de cet élément capital, la vraie figure de la terre.

De là une condition essentielle : il fallait tout d'abord réunir ces réseaux géodésiques bout à bout, pour ainsi dire, afin d'embrasser les plus grands arcs possibles ; et ici nous touchons à la dernière phase de notre science, la phase actuelle sur laquelle je vous demande la permission de m'étendre un peu.

Nous avions à peu près sur le même méridien, celui de Paris, la triangulation anglaise s'étendant au Nord jusqu'aux îles Shetland, puis la grande méridienne de France, puis la triangulation espagnole, enfin celle d'Algérie que nous venions de terminer et de pousser jusqu'au désert, jusqu'aux confins du Sahara. Mais c'était là des tronçons isolés. Nous avons commencé par réunir la France et l'Angleterre, en jetant nos triangles par-dessus la Manche. Déjà la France était unie à l'Espagne, mais il fallait unir l'Espagne à l'Algérie, en franchissant cette fois la Méditerranée sur une longueur de 300,000 mètres : la chose n'était pas facile en 1880 : quelques années auparavant, elle eût été déclaré impossible. Il a fallu, pour la faire réussir, mettre en œuvre tous les moyens que les progrès récents de la mécanique, la physique, les arts de précision mettaient à notre disposition. Pour vous en donner une idée et vous faciliter la comparaison, je mets sous vos yeux les photographies d'une station géodésique ordinaire, telles qu'on les fait en tous pays, et celle de la station qu'il nous a fallu organiser sur le mont M'Sabiha, près d'Oran, en face des montagnes de l'Espagne.

Messieurs, utiliser tous ces travaux géodésiques où les nations civilisées ont dépensé tant d'efforts et de millions, ne pouvaient être l'œuvre d'un seul homme ou d'un seul pays. On a fondé pour cela une Association internationale, où sont convoqués des délégués civils et militaires de tous les pays. Dans ce but, l'Association s'efforce de relier les réseaux géodésiques qui couvrent la terre, l'Europe entière, une partie de l'Asie et une partie de l'Afrique, bientôt l'Amérique du Nord, et au Sud le Brésil, le Chili et la République Argentine. Elle utilise dans ce but les câbles télégraphiques qui circulent presque partout aujourd'hui sur les continents et au fond des mers. Elle multiplie les observations astronomiques, provoque la mesure de nouvelles bases, détermine par le pendule l'intensité de la pesanteur, demande de vastes nivellements, et fait étudier sur toutes les côtes les mouvements de la mer.

Pourquoi ces travaux grandioses ? cette entente entre les armées ordinairement jalouses et rivales ? S'agit-il donc encore de la figure et des dimensions de la terre ? Non, Messieurs, cette question-là est épuisée. Nous savons désormais que la terre prise dans son ensemble, est un ellipsoïde de révolution, dont l'aplatissement est un peu supérieur à un trois-centième, et si vous aviez besoin de sa dimension, nous sommes en état de vous donner la valeur du tour de la terre à 60 ou 70 mètres près. Désormais, un voyageur, un géographe est en état de déterminer, à quelques mètres près, par des observations astronomiques, la distance à l'équateur ou à un autre point quelconque de la station où il se trouve. Mais la science ne s'arrête pas; un progrès réalisé en appelle un autre, et voici aujourd'hui le point où nous en sommes.

Cette surface de la terre, l'ellipsoïde de révolution dont nous venons de parler, n'est rien de plus qu'une surface théorique, celle que prendrait une mer qui recouvrirait partout le globe terrestre. La surface réelle présente partout des irrégularités, des dénivellations, des vallées, des montagnes, des continents et des mers. En outre, les couches superficielles, celles qui constituent l'écorce solide présentent des différences de densité. Ces irrégularités agissent plus ou moins sur la direction de la pesanteur en chaque point, et produisent ainsi de légères déformations dans la figure théorique de la terre. Celle-ci n'est donc un véritable élipsoïde de révolution, que si l'on néglige ces déformations locales. Or, ces anomalies, ces irrégularités de la croûte terrestre, c'est précisement un des objets de la géologie. On pressent donc qu'il exite entre cette science et la géodésie une liaison intime. La géodésie est en état de déterminer en chaque lieu la déviation de la pesanteur causée par les accidents géologiques visibles ou invisibles. Qu'il y ait sous le sol un excédent de densité, dû à la présence d'une roche plutonique, par exemple, les observations géodésiques l'accuseront et en feront connaître l'étendue et la position. Le pendule, que le géodésien fait osciller ressentira lui-même son action et devient ainsi, comme le disait M. de Humboldt, un instrument géognostique. Si, au lieu d'un excédent de densité, le sol présente au-dessous de vos pieds une excavation, comme celle qui s'est produite sous le Krakatoa, à la suite de la dernière et formidable éruption, les observations géodésiques en révèleront l'existence.

En un mot, la géodésie est appelée aujourd'hui à étudier les détails de la figure de la terre dont l'ensemble est désormais connu et à fournir ainsi à la géologie de précieuses données. C'est ainsi, pour n'en citer qu'un exemple, que la géodésie, en constatant que les plus grands massifs de montagnes ou les plus vastes bassins des mers n'agissent notablement ni sur la direction, ni sur l'intensité de la pesanteur, est arrivée à formuler, par la voie de M. Faye, cette espèce de loi : le refroidissement du globe va plus vite et plus profondément sous les mers que sous les continents. Par suite, la croûte terrestre est plus épaisse sous l'Océan que sous les terres émergées, elle pèse davantage sur le noyau intérieur que la chaleur interne maintient à l'état de fusion, et produit ainsi de lents mouvements de bascules dans les divers fragments de l'écorce terrestre. Ce sont justement ces mouvements lents qui produisent, dans la suite des siècles, les principaux phénomènes géologiques.

À la suite d'un aperçu de voyages, peut-être aurez-vous trouvé quelque peu froides ces considérations sur les travaux les plus élevés qui puissent préoccuper les géographes. Elle a ses émotions, cependant, la géodésie ; elle a ses fatigues, elle a ses périls qu'on ignore généralement. Géodésien moi-même, j'éviterais de vous en parler, si je n'étais mu par le désir de rendre hommage à des camarades, à des collaborateurs dont j'ai souvent admiré — sans en être surpris — le zèle désintéressé pour des travaux auxquels ne s'attache guère la faveur publique.

Faut-il rappeler des exemples classiques ? Delambre menacé, aux environs de Paris, en 1792, par une population surexcitée qui voyait dans ses opérations des maléfices contre la République naissante ; et le collaborateur de Delambre, Méchain, également menacé par des patriotes, pour lesquels les instruments de géodésie étaient des instruments de contre-révolution, puis, livré à mille aventures fâcheuses, au cours de ses campagnes, et mourant de chagrin en Espagne, loin de tous les siens, pour avoir laissé passer quelque erreur dans des observations de lattitude.

Les révolutions, il est vrai, ne sévissent plus en permanence ; nos populations, mieux éclairées, n'ont plus les mêmes appréhensions des géodésiens, et il faut avouer aussi que Méchain était particulièrement impressionnable ; mais le « métier, » comme on dit familièrement, reste avec des nécessités fort sévères. Il faut parcourir le pays dans ses parties les moins accessibles, gravir les plus difficiles sommets, établir ses signaux, observer patiemment, dans des conditions presque toujours pénibles, souvent dangereuses. On cite souvent l'exemple du colonel Brousseaud qui, faisant des observations au sommet du Mont-d'Or, pour la mesure du parrallèle moyen, vit l'un de ses hommes de service foudroyé à ses côtés ; les faits de ce genre abondent et j'en pourrais citer plusieurs qui me sont personnels.

Biot, esprit fin et littéraire, a joliment raconté (1) ses anxiétés et celles d'Arago, tandis qu'ils attendaient dans le Désierto de Las Palmas, sur le littoral espagnol, l'apparition des signaux lumineux qui devaient leur permettre de jeter leurs triangles entre la terre ferme et les îles Baléares. Pour m'être trouvé dans une situation analogue, je puis vous assurer que Biot n'a rien exagéré. Il fait d'ailleurs ressortir la persévérance inébranlable, la rigueur d'Arago tout jeune alors, à lutter contre les fatigues, les difficultés sans cesse renaissantes qui entravaient les opérations.

Loin de moi l'idée de comparer la dureté de ces travaux scientifiques aux rigueurs de la guerre ; mais, qu'on le sache bien, les qualités militaires trouvent de larges applications dans la vie d'officier géodésien : cette vie exige de la volonté, elle comporte de l'initiative et de la responsabilité.

De même que les autres sciences, la géodésie marche à son but

_____

(1) *Recueil d'observations géodésiques, astronomiques et physiques,* Paris, 1821.

en luttant de subtilité avec les causes d'erreur qui l'environnent de toutes parts.

Tandis qu'elle se repère au plus profond des cieux sur le cours immuable des étoiles, elle enveloppe la terre d'un réseau géométrique ajusté sur elle comme le filet l'est au ballon, et qui en révèle les moindres inflexions de courbure.

Au cours de ses observations, elle doit se tenir en garde contre tout ; contre le sol qui trépide et qui déplace la verticale, contre l'atmosphère qui detourne de sa marche le rayon lumineux, ou amoindrit la puissance optique des instruments ; toute influence, si légère qu'elle soit, doit être comptée ; il faut mesurer jusqu'à la vitesse de transmission du fluide électrique dans les fils, jusqu'à l'acuité et la promptitude des perceptions chez les observateurs.

Cette lutte de l'intelligence s'attaquant aux problèmes les plus amples, les plus complexes, les plus ardus, cette poursuite de l'exactitude idéale qui se dérobe toujours, cet effort appliqué d'une façon soutenue à élargir les vues de l'esprit sur un domaine sans limites, ont un charme indéfinissable, mais puissant et dans lequel les austérités de la pratique trouvent des compensations de l'ordre le plus élevé.

J'ai essayé de vous faire entrevoir rapidement, d'une part, le mouvement des explorations françaises dans leur plus récente phase, le rôle de nos compatriotes dans les conquêtes dernières de la géographie sur des contrées nouvelles ou mal connues ; d'autre part, le développement et la situation actuels de cette partie de la science qui, tout en jetant les bases de la topographie détaillée des Etats, mesure notre solide terrestre dans son ensemble. Parmi vous sont des représentants de bien d'autres branches du savoir géographique ; chacun d'eux aurait pu, en vous exposant le tableau des connaissances dont il s'occupe, vous dire combien les données acquises, si étendues qu'elles soient déjà sont serrées de près par les incertitudes et les doutes ; combien l'ombre se fait vite dans toutes les directions ; combien, en d'autres termes, il reste de labeur à accomplir.

Il faut que nos Sociétés de Géographie ne bornent pas leur ambition à la satisfaction platonique d'exister ; il faut qu'elles vivent, qu'elles se rendent utiles en provoquant des recherches sérieuses et originales, en développant des vocations.

Un de leurs devoirs est aussi de contribuer à faire vibrer chez nous l'opinion publique, non-seulement en faveur des parties de la science que leurs applications immédiates recommandent suffisamment à son intérêt, mais encore en faveur de la « science » qui lentement, péniblement, dans des directions inexpliquées pour la foule, travaille à grandir le génie humain, à préparer le lointain avenir.

La science est un générateur de force qui veut être entretenu dans une perpétuelle activité. On s'y attache dans les pays voisins ; notre devoir est de nous y attacher pour l'honneur, comme pour la vie du pays auquel nous nous devons corps et âme.

—

ALLOCUTION

DE M. LE COLONEL SCHŒLCHER, DÉLÉGUÉ DE LA SOCIÉTÉ
DE FRANCE DE GÉOGRAPHIE, A PARIS.

MESSIEURS,

Si peu autorisée que soit ma voix au milieu de vous, la Société de Géographie de Paris m'a fait l'honneur de me charger de la représenter au Congrès de Toulouse. Je croirais ne pas remplir ses intentions et manquer à ce que je vous dois, si je ne venais pas vous complimenter en son nom. Permettez-moi d'ajouter que ce devoir m'est doux et que je l'eusse accompli de grand cœur en mon nom personnel, si je n'avais pas été ailleurs le porte-parole officiel d'une compagnie à laquelle je m'honore d'appartenir.

La Société de Géographie de Paris a vu tripler, dans ces quinze dernières années, le nombre de ses membres ; en même temps, de divers côtés, soit en France, soit à l'étranger, elle a vu se créer des sociétés sœurs en assez grand nombre ; la Société de Paris a toujours suivi de ses vœux les tentatives faites et applaudi aux résultats obtenus. Les Congrès ont été encore une nouvelle manifestation du goût de plus en plus prononcé du public pour la science qui nous est chère. Ces Congrès nous ont donné une expérience et une maturité qui nous impose de nouveaux devoirs. Certains gourmets ne craignent pas les mets qui, doués de quelque amertume, font paraître les autres plus doux encore. Permettez-moi de suivre leur exemple.

Pour qu'un arbre produise tous ses fruits, il faut, par des émondages intelligents, réprimer toute exubérance de frondaison parasite. Veillons donc avec le plus grand soin, dans nos travaux, à repousser les questions sans solution, les vœux stériles. Tout explorateur est doublé d'un chasseur; permettez-moi donc une comparaison cynégétique. Ne levons pas de lièvre pour le plaisir puéril de le voir courir. La bête de chasse doit être poursuivie et forcée en fin de compte.

Je vous parlais tout à l'heure du mouvement du public en faveur de la géographie. Ces sympathies générales, mais platoniques et latentes, seraient sans résultat s'il ne se trouvait quelques personnalités d'élite pour la mettre en œuvre et leur imprimer une direction. C'est le rôle de dévouement et d'activité qui incombe aux fondateurs et organisateurs. Nous sommes ici sur un théâtre où leur action s'est produite d'une façon incontestable, et si nous n'avons pas qualité pour leur décerner des éloges, qu'ils veuillent bien au moins nous permettre de nous associer au concert unanime d'approbation qui les a soutenus dans l'accomplissement de leur œuvre.

—

ALLOCUTION

DE M. ARMAND, DÉLÉGUÉ DE LA SOCIÉTÉ DE GÉOGRAPHIE DE MARSEILLE.

MESSIEURS,

Avant de lire mon rapport sur les travaux de la Société de Géographie de Marseille, permettez-moi de vous remercier, au nom des pauvres de la ville de Marseille et de la ville de Toulon, pour la généreuse offrande que vous avez bien voulu leur envoyer par notre intermédiaire.

Voulant venir en aide aux familles privées des moyens suffisants d'existence, par suite du choléra, vous avez consacré les recettes d'une journée de votre exposition à secourir ces infortunés ; vous avez recueilli ainsi 532 francs 65 centimes.

Conformément aux intentions de la Société de Géographie de Toulouse, nous avons remis 332 francs 65 centimes au maire de la ville de Marseille, et 200 francs au maire de la ville de Toulon.

Au nom des infortunés dont vous avez contribué à soulager la misère, encore une fois merci ! !

Rapport sur les travaux de la Société de Géographie de Marseille pendant l'année 1883-84.

MESSIEURS,

La Société de Géographie de Marseille est dans la neuvième année de son existence. Sa situation est des plus prospères. Au 1er janvier dernier elle comptait 626 membres dont 445 membres actifs. Assurée du concours efficace de la Chambre de Commerce, des divers corps élus, des Sociétés de navigation et de crédit de la ville de Marseille, elle continue sans encombre son œuvre de vulgarisation.

Ses séances mensuelles sont régulièrement suivies, et elle a plus d'une fois eu le plaisir de recevoir dans son sein les membres des Sociétés-sœurs et d'affirmer ainsi l'étroite solidarité qui unit toutes les Sociétés françaises de Géographie.

Sa bibliothèque, si riche en documents géographiques, s'augmente chaque jour et tout récemment le célèbre géographe, M. Elisée Reclus, y trouvait des matériaux pour son volume de l'Afrique qu'il va publier. Du reste, tous les voyageurs de passage à Marseille, tous ceux qui, en dehors de nous, s'intéressent à la science géographique, viennent puiser à cette source abondante que nous sommes heureux de mettre également à la disposition de nos industriels et de nos commerçants.

Notre Bulletin paraît régulièrement tous les trimestres. C'est sur l'Afrique, ce continent mystérieux qui est en face de nos ports, que se portent volontiers nos travaux. C'est ainsi que notre secrétaire, M. E. Fallot, a publié une histoire de la colonie du Sénégal. Mettant en lumière les efforts du colonel Laprade et du général Faidherbe, il a montré dans son étude consciencieuse les ressources multiples que cette colonie offre à l'activité de nos négociants.

M. Ed. Heckel nous a donné une étude magistrale sur les kolas africains, cet excitant par excellence que les indigènes de l'Afrique équatoriale consomment avec tant de plaisir.

M. E. Vohsen, un de ces employés de la maison Verminck à qui nous devons la découverte des sources du Niger, nous a conduits au pays Timméné dans les parages de Sierra-Leone. M. Max Astrié nous a décrit le royaume d'Oracan dans les îles Bissagos. M. Joseph Mathieu a fait l'historique de nos relations commerciales avec le Maroc, tandis que M. Coraliano Marti nous exposait les résultats des derniers sondages effectués entre Cadix et Sainte-Croix de Ténériffe.

Sur la côte orientale, avec M. Marras, nous avons visité l'île de Mozambique et nous avons assisté, à Bagamoyo, aux efforts faits par les missions catholiques pour civiliser le noir continent. M. le capitaine Bloyet, de l'Association internationale africaine, nous a décrit son itinéraire de Kondoa à Zanzibar, et un membre de notre commission a bien voulu nous donner quelques notes, résumé de ses impressions de voyage sur la grande île de Madagascar où notre pavillon va définitivement flotter.

Dans les autres parties du monde, M. A. Marche nous a fait connaître les îles de Tawi-Tawi dans la région des Philippines; M. J. Delmas, les Etats latins de l'Amérique du Sud et M. Victor Bouliech va entreprendre une étude complète des îles Sanwich où il réside depuis plusieurs années.

Plus près de nous, M. P. Gaffarel nous a fait connaître en détail la frontière du sud-est de la France, et M. Stoecklin a étudié la Durance, son régime et son débit.

M. Vessiot, avec sa compétence si connue, a traité de l'enseignement de la géographie dans les écoles primaires, tandis que M. J. Marchand a étudié la politique coloniale de la France aux siècles passés.

6

Dans chaque fascicule, enfin, le secrétaire-général, M. Paul Armand, dresse le bilan de tous les évènements géographiques du trimestre et, sous une forme que bien des Sociétés ont imitée dans leurs Bulletins, suit pas à pas les voyageurs dans leurs explorations à travers les cinq parties du monde.

Le cours populaire créé par notre Société dès sa fondation, continue à attirer chaque semaine une foule nombreuse dans la salle de la rue Sylvabelle, mise gracieusement à notre disposition par le Conseil général des Bouches-du-Rhône. Cette année, M. Marchand, professeur au Lycée, chargé du cours, a étudié les colonies françaises en Afrique, en faisant une part considérable à notre France nouvelle, « l'Algérie. »

Ce n'est pas seulement par nos cours publics, que nous voudrions pouvoir multiplier, que notre Société vulgarise la science géographique ; c'est aussi par les nombreux prix qu'elle offre aux élèves de nos écoles de l'enseignement secondaire et de l'enseignement primaire. Les résultats obtenus répondent à l'importance de nos libéralités, et dans son rapport au Conseil général des Bouches-du-Rhône, M. l'Inspecteur d'Académie a rendu hommage aux efforts que fait notre Société pour répandre et faire aimer l'étude de la géographie.

Voilà le résumé de nos travaux. Comme vous le voyez, Messieurs, nous nous faisons une loi de rester dans le domaine purement géographique, nous gardant bien d'intervenir dans des questions qui sont de la compétence des corps électifs et des Chambres de Commerce.

Notre première préoccupation est d'encourager les voyageurs, de faciliter leurs explorations, surtout lorsqu'il s'agit du continent qui est à nos portes.

Il n'y a pas quinze jours, nous avons eu le bonheur de recevoir au milieu de nous, un d'entre eux que nous sommes fiers de revendiquer comme nôtre, M. Georges Revoil.

Vous savez que son expédition au pays Çomali n'a pas répondu complètement aux espérances qu'il avait fondées. Cependant son voyage n'aura pas été stérile : nous en avons pour garant les paroles élogieuses que prononçait tout à l'heure M. le colonel Perrier et le mot de M. Ravenstein à la Société royale de Londres. Après avoir énuméré tous les voyageurs italiens, anglais, allemands qui ont parcouru ce pays inhospitalier, il cite M. Revoil, le dernier et non le moindre (*and last not least*) qui, durant trois expéditions successives, a fait peut-être à lui seul autant que tous ses prédécesseurs réunis.

La Société de Géographie de Marseille prend sa part de ce témoignage flatteur, car c'est elle qui a guidé M. Revoil dans ses premiers pas. Elle est fière d'avoir pu contribuer ainsi à déchirer le voile qui recouvre sur bien des points encore le continent africain.

—

ALLOCUTION

DE M. AURIOL, MEMBRE DE LA SOCIÉTÉ LANGUEDOCIENNE.

MESSIEURS,

Je m'attendais peu, il y a quelques instants, à prendre la parole devant vous. Un autre, plus compétent que moi, devait vous rendre compte de travaux auxquels il a pris part et vous parler, mieux que je ne puis le faire, de la Société languedocienne de Géographie. Veuillez donc, Messieurs, ne pas mesurer l'importance de notre compagnie à l'insuffisance de son représentant.

La Société languedocienne de Géographie est une des jeunes sociétés de France. Fondée, il y a environ six ans, pour favoriser le mouvement général qui se produisit après la guerre de 1870-71 vers l'étude de la géographie, elle naquit sous les auspices de la Société de Marseille. Sœur aînée de la Société de Géographie de Toulouse, elle a peut-être aidé à sa création, en donnant confiance à ceux qui nous reçoivent aujourd'hui, sûrs de réussir après le succès qu'avait eu leur voisine de Montpellier.

Vulgarisation des études géographiques à tous les degrés, publicité donnée à tout ce qui peut étendre le domaine de nos connaissances sur ce terrain, tel a été surtout le but poursuivi. Elle n'a négligé aucun moyen pour l'atteindre, a fondé des prix, établi des conférences, centralisé les renseignements de toute nature touchant à la géographie locale, avec l'aide des instituteurs et des membres de bonne volonté répandus dans toutes les localités de notre région.

A sa tête, dès le début, nous trouvons des hommes considérables par leur science qui ont su lui donner une énergique impulsion. Ils ont eu, du reste, la satisfaction de voir chacun s'intéresser aux travaux de la Société et le nombre des membres augmenter rapidement.

Un bulletin paraît en quatre gros fascicules, avec cartes, plans, vues, tableaux résumant soit la marche des vents, soit l'état de la température, soit même l'importance et le rendement des diverses cultures ou le mouvement commercial du pays. Aucune découverte, aucune exploration ne s'est produite sans que compte en fût rendu par des hommes de première valeur, quelquefois par les explorateurs eux-mêmes, tels que M. Soleil ou M. Revoil dont tout à l'heure M. le colonel Perrier, président du Congrès, et M. le délégué de la Société de Géographie de Marseille parlaient avec une chaleureuse sympathie.

Des travaux de cartographie ont été faits sous les auspices de notre Société, et récemment encore un de nos collègues ou plutôt de nos maîtres, M. Paul de Rouville, doyen de la Faculté des sciences de Montpellier, achevait la carte géologique, consciencieuse, détaillée, complète, du département de l'Hérault.

Je ne puis, Messieurs, retenir plus longtemps votre attention; il y aurait cependant, sur les travaux même de l'année, bien d'autres choses à dire que ma compétence bornée ne me permet pas d'aborder.

Il ne me reste plus qu'à remercier M. le Président de la Société de Géographie de Toulouse de l'accueil gracieux fait aux délégués étrangers, et qu'il ne ménage pas même au plus infime d'entre eux.

ALLOCUTION

DE M. BARBIER, DÉLÉGUÉ DE LA SOCIÉTÉ DE GÉOGRAPHIE DE L'EST.

MESSIEURS,

Si, par une tradition des plus louables et des plus utiles, il nous incombe, à chaque Congrès annuel, de faire en quelque sorte le bilan de nos Sociétés, elle ne se trouvera en rien faussée, je l'espère, par une digression qui me semble doublement urgente, mais qui, Messieurs, pour votre satisfaction comme pour la mienne, ne me dispense pas d'être court.

L'an dernier, notre Congrès à Douai a eu un témoin étranger et tout sympathique à la France ; ici même, parmi les délégués assidus, mes collègues, il ne compte, j'en suis certain, que des amis : j'ai nommé M. du Fief, secrétaire général de la Société belge de Géographie.

Dans le même temps, il assista au Congrès des géographes allemands, et de ces deux Congrès, il fit un compte-rendu parallèle tout plein d'enseignements pour nous.

De ces divers enseignements, je n'en veux retenir et signaler qu'un seul : ils étaient cinq cents au Congrès allemand, et nous n'étions pas, nous n'avons jamais été cinquante chez nous.

Oh ! Messieurs, je sais bien et je me hâte de le dire, sans craindre de froisser aucune modestie, ceux-là qui viennent fidèlement à nos sessions joignent à une compétence indiscutable une bonne volonté sans égale et un dévouement que je dirai patriotique.

Il y a certes des considérations matérielles, des difficultés brutales qui ôtent à la différence que constatait notre ami M. du Fief, son caractère humiliant, on pourrait même dire que chacun de nous représente une nombreuse Société; mais le chiffre a une éloquence écrasante, et il ne dépendra pas de nous, il ne dépendra pas de la Société de Géographie de l'Est que bientôt la balance ne s'équilibre à notre avantage.

Notez bien, Messieurs, que s'il y a quelque intérêt à cette constatation, c'est que les allemands n'ont fait que suivre notre exemple, et il n'y a pas encore bien longtemps que je recevais, — et plus d'un de mes collègues les a reçues comme moi, — deux demandes de renseignements, venues d'Allemagne, sur le *statut* qui règle l'union des Sociétés françaises de Géographie.

Ce statut n'existait pas à l'état de lettre écrite, à l'état de programme arrêté; ce n'était et il n'est resté jusqu'à présent qu'une tradition que l'expérience sanctionnait tous les jours et à laquelle, à sa louange, je tiens à le dire bien haut, la Société de Géographie de Toulouse s'est montrée fidèle. A vous en particulier, mon cher commandant, mon sympathique collègue, M. Blanchot, mes plus chaleureuses, mes plus amicales félicitations.

Et voyez la puissance de l'exemple. Hier c'étaient les Allemands marchant sur nos traces; aujourd'hui ce sont les Sociétés italiennes de Géographie qui se réunissent. En constatant que les unes et les autres nous ont imités, prenons garde qu'ils ne nous devancent : à bon entendeur, salut! Pour moi, j'ai le profond et vigoureux espoir que nous les surpasserons.

J'ai tout l'air, n'est-ce pas, Messieurs, de m'être absolument écarté de notre programme et de l'ordre du jour. Que non pas! car si ici n'intervient pas l'œuvre directe de la Société de Géographie de l'Est, croyez bien, mes chers collègues, qu'elle applaudira des deux mains celle de son délégué s'il arrive à donner, avec votre concours, au statut de notre Congrès la sanction qu'il lui faut, et au sujet duquel nous ne pouvons nous laisser distancer ni par l'Italie ni par l'Allemagne.

A ce souhait, j'ajouterai l'expression d'un regret profond, c'est que M. Debidoux, notre affectionné président, n'ait pu venir apporter à notre Congrès l'autorité de sa parole, et vous témoigner de l'initiative patriotique dont notre Société Lorraine est animée.

Poursuivant sans trève son œuvre de vulgarisation géographique, notre Société, qui compte mille membres, n'a négligé, autant que le lui permet le milieu où elle agit, aucun ordre de questions dont notre Congrès ait été saisi, et son Bulletin, qui n'est peut-être pas le meilleur interprète de son activité, embrasse tous les sujets les plus palpitants que vous ayez eu à traiter.

Et puisque les besoins du temps autant que les courants les plus ardents et les plus légitimes de l'opinion mettent à l'ordre du jour les questions d'expansion commerciale, de relèvement économique, je dirai tout de suite que la création d'une commission de géographie commerciale au sein de notre comité, et les études si profondes, si essentielles de notre collègue, M. Galli, indiquent quelle place ces questions tiennent dans nos préoccupations. En attendant qu'elle puisse faire d'avantage, cette commission étudie le projet d'un cours de géographie commerciale à l'école professionnelle de l'Est, et le conseil de perfectionnement de cette école sera certainement saisi du projet, mûri et prêt à l'application.

Si nous nous tournons du côté de l'enseignement géographique qui est aussi l'un de nos grands soucis, vous trouverez dans notre Bulletin l'étude de l'enseignement de la géographie en Angleterre, qu'un modeste instituteur de la Meuse, M. Girardin, a traduit en le commentant avec une compétence aussi sérieuse que sincère.

Les études de géographie de la France sont interprétées dans le considérable travail de géologie militaire de M. le capitaine Clue, du 139e de ligne ; dans les études toutes locales de la Lorraine, par M. Orly, instituteur, officier de l'instruction publique, vingt fois lauréat dans les concours ouverts par le ministère, et par la légende territoriale de la France approfondie par M. le commandant Reiffer.

L'Algérie, la Tunisie et le Maroc ont leur historiographe chez nous dans M. Basset, professeur de littérature arabe à l'école supérieure de lettres d'Alger, chargé à diverses reprises de missions scientifiques; la géographie, que j'appellerai militante, est amplement fournie par l'exploration du Zambèze, de M. Paul Guyot, par la conférence de MM. Brau de Saint-Pol Liais, Dutreuil de Rhins, Bonvalot, Delidous, Gottereau, Dubois, etc., etc. ; la géographie physique et générale, enfin, par les travaux de M. le lieutenant de vaisseau Vignot et de M. le capitaine de vaisseau, en retraite aujourd'hui, Jouaux, de Cherbourg.

Nous n'avons pas cependant, Messieurs, l'outrecuidance de croire et encore moins de dire que nous épuisons aucun de ces inépuisables sujets, et il semblerait qu'au moins nous eussions dû vous fournir la preuve de nos déclarations en exposant notre Bulletin. Mais, à notre avis, il faut autre chose, pour apprécier l'œuvre d'une Société, que l'examen fugitif toujours, dans une exposition. Et, d'ailleurs, il est à la bibliothèque de votre Société, et ceux qui y voudront puiser pourront le faire à loisir.

Je vous parlais, il y a un instant, de notre dévoué président, M. Debidoux. Dans une récente conférence, il nous a retracé tous les efforts faits, en particulier par l'héroïque M. Thouar, pour retrouver les restes de notre cher et vaillant Crevaux.

Cela m'amène à vous dire, en terminant, Messieurs, que nous attendons toujours, pour l'érection du buste de l'infortuné Lorrain, œuvre à laquelle toutes les Sociétés françaises de Géographie ont apporté leur souscription, une décision définitive de la municipalité, le projet de l'an dernier n'ayant pu être réalisé, comme nous l'avait fait espérer M. le maire de Nancy.

Toutefois, cela ne saurait beaucoup tarder, et je ne saurais vous dire avec quelle profonde satisfaction nous verrons, non-seulement toute la Lorraine, mais les délégués des Sociétés françaises de Géographie, venir saluer l'image de celui qui fut, et plus que jamais à dater du jour où son pays natal fut arraché à la France, un Français, un Lorrain, c'est-à-dire un patriote. S'il y eut de plus grands explorateurs que lui, c'est qu'il mourut trop tôt à la fois pour son pays et pour la géographie.

ALLOCUTION

DE M. HÉBRARD, SECRÉTAIRE GÉNÉRAL ET DÉLÉGUÉ DE LA SOCIÉTÉ
ACADÉMIQUE FRANCO-HISPANO-PORTUGAISE.

MESSIEURS,

Appelée, pour la troisième fois, à prendre part aux travaux du Congrès géographique, la Société Franco-Hispano-Portugaise, dont j'ai l'honneur d'être le délégué, se présente à vous aujourd'hui forte des progrès accomplis et fière d'une prospérité que lui assurent les encouragements des pouvoirs publics, le dévouement de son Président et la sympathie de tous.

Le Conseil général de la Haute-Garonne et le Conseil municipal de Toulouse lui ont accordé une subvention dont l'importance s'accroîtra, nous l'espérons, à mesure que le but poursuivi par la Société se dégagera plus clairement ; j'ajouterai que sa bibliothèque s'enrichit annuellement de 1,800 volumes qu'elle doit, en grande partie, aux libéralités du ministère de l'instruction publique.

Que la Société de Géographie de Toulouse veuille bien nous permettre ici de lui offrir nos félicitations pour le succès incontestable de son exposition, et l'organisation si intelligente de ce Congrès solennel auquel elle a bien voulu nous convier ; cet acte de cordiale confraternité satisfait un de nos vœux les plus chers, et c'est la main dans la main, nous en avons la confiance, que les membres des Sociétés-sœurs concourront ensemble à l'avancement de la science.

Vous le savez, Messieurs, nous travaillons à provoquer l'extension du mouvement commercial, industriel et agricole entre notre pays et la péninsule Ibérique, où les colonies qui ont avec elle une communauté de langue et d'origine, et cela par les études historiques ou géographiques et par les progrès de cette science qui est justement en honneur et dont nous voyons ici les représentants les plus autorisés.

Le Bulletin qui est l'organe de la Société donne la première place aux communications inspirées par ces préoccupations scientifiques ou humanitaires : je vais passer très rapidement en revue les travaux qu'elle a publiés.

Dès le commencement de l'année dernière, M. Duboul nous donnait la fin d'un très curieux travail intitulé : *Le Béarn tributaire de la Navarre en 1822*, dans lequel on retrouve la science, l'exactitude et la clarté qui distinguent les écrits de notre collègue.

M. Lluch de Diaz, vice-consul d'Espagne, nous faisait part d'un aperçu pratique sur l'organisation et les travaux d'une section de géographie et nous décrivait la province de Lugo en Galice.

M. le comte d'Arlot de Saint-Saux que la Société s'honore de compter parmi ses membres et dont les travaux en collaboration avec le commandant Prudent, ont été si justement remarqués, nous envoyait une notice savante sur deux églises Asturiennes : Santa-Maria de Narranco et San-Miguel de Lillo.

M. Clément Sipière, président de la Société, nous fournissait successivement des détails très curieux sur le cyclone du 29 octobre 1882 à Manila, avec une carte qui en déterminait les phénomènes et la marche effrayante, puis des renseignements pratiques sur la culture et l'acclimatation de l'igname batate de la variété portugaise, et enfin des indications précises sur les avantages de l'émigration dans la République argentine.

M. Henri Duméril nous rendait compte en termes choisis de la dissertation si savante et si complète de M. le recteur Perroud sur les Origines du premier duché d'Aquitaine.

M. Delavaud, avocat à Paris, poursuivant ses études instructives sur les colonies espagnoles, nous parlait de Bornéo et des revendications de l'Espagne et de l'Angleterre sur cette île ; puis il nous donnait une statistique très exacte de l'instruction publique en Espagne et en Portugal, et une analyse précieuse du travail de notre savant confrère M. le docteur Bourru, sur la Distribution géographique des grandes épidémies pestilentielles et sur la géographie des épidémies de fièvre jaune.

Dans une réunion présidée par M. Gatien-Arnoult, recteur honoraire, et à laquelle assistait M. Molinier, professeur à la Faculté de droit, M. A. Duméril, doyen de la Faculté des lettres, nous donnait lecture d'une Étude historique du plus haut intérêt sur Charles-Quint et les bures ottomans ; M. Gatien-Arnoult en louait le caractère si littéraire et la forme austère si bien appropriée à l'histoire.

M. le professeur Alexandre, dont tout le monde connaît la compétence, nous entretenait du projet de Canal de l'Océan à la Méditerranée, dont il a si patiemment combiné la création et si savamment résolu les difficultés.

Je ne terminerai pas sans vous dire un mot de la conférence faite récemment au sein de la Société par M. Dognon, professeur de géographie au Lycée de Toulouse. Pendant plus d'une heure notre savant confrère a tenu l'assemblée sous le charme de sa parole ; le sujet qu'il avait choisi : *l'Algérie et la colonisation dans le nord de l'Afrique*, était particulièrement intéressant et il a été traité avec une remarquable sûreté de vues et un vif sentiment de patriotisme.

Maintenant, Messieurs, je vous ferai remarquer la part que la Société a prise au Congrès des Sociétés savantes à la Sorbonne; elle y a eu l'honneur de deux lectures très remarquées de nos confrères MM. Caralp et Marty ; elle a été aussi très honorablement représentée au Congrès des associations pour l'avancement des sciences.

La prospérité de la Société Hérique s'affirme d'ailleurs par le nombre toujours croissant de ses membres, dont le chiffre s'élève à six cents, et par la quantité d'associations, plus de quatre cent soixante, avec lesquelles elle est en relations.

Depuis plusieurs années, la Société avait eu l'heureuse pensée d'ouvrir à Toulouse une Exposition internationale des beaux-arts et de l'Industrie, à l'occasion du concours régional de 1885 : avec une persévérance louable, elle a étudié cette question sous toutes ses faces, a fait appel au concours des nations voisines, et une fois ses projets mûrement réfléchis, elle a fait auprès de M. le Maire de Toulouse une démarche décisive. M. le Maire a bien voulu reconnaître que l'idée première de cette exposition revenait à la Société ; il n'a pas méconnu les efforts faits par elle pour la réaliser, mais il a informé notre Président de la résolution prise par la municipalité d'établir à Toulouse, concurremment avec le concours régional, l'exposition projetée.

M. le Maire a ajouté qu'on ferait à la Société académique la place à laquelle elle a droit à tant de titres.

Nous espérons donc qu'en confiant la Société de la direction de la partie étrangère de l'Exposition, celle-ci pourra mettre à profit ses relations internationales et créer à cette occasion, entre la France et les nations d'origine Hérique, un courant suivi d'affaires qui sera profitable à tous.

Dans peu d'années, Toulouse va se trouver en communication avec l'Espagne par le chemin de fer de Campfranc à Saint-Girons, dont le projet avait été soutenu par notre président, M. Sipière, au Congrès de Bordeaux.

L'Exposition sera le point de départ d'un commerce suivi avec notre ville et la péninsule Hérique ; il appartient à la Société de favoriser ce mouvement en attirant les nations sœurs au concours international de 1885, en organisant à la suite de la grande Exposition des expositions permanentes, des concours agricoles et industriels ; elle pourrait aussi aider à la création de vastes entrepôts dans lesquels se concentreraient, au grand avantage de tous, les produits de la péninsule et des colonies.

Je m'arrête, Messieurs, et je me résume : comme vous l'avez vu, nous avons l'honneur de compter parmi nos collègues les hommes distingués dont les travaux littéraires ou scientifiques jettent un si vif éclat sur notre cité ; grâce à leur féconde collaboration, grâce aussi à la bonne volonté laborieuse de ses membres, la Société académique Franco-Hispano-Portugaise de Toulouse peut apporter son contingent d'efforts à l'accomplissement de l'œuvre poursuivie, en France et à l'étranger, par nos sociétés : le bien et l'honneur de la Patrie !

—

ALLOCUTION

DE M. LE COMMANDANT BLANCHOT, DÉLÉGUÉ DE LA SOCIÉTÉ
DE GÉOGRAPHIE DE TOULOUSE.

MESSIEURS,

La Société de Toulouse a eu le regret de ne pouvoir se faire représenter à la dernière session qui se tenait à Douai, et faire connaître au Congrès sa situation. Je vous dois aujourd'hui un exposé qui résume celui des deux années.

En 1883, la Société, qui n'avait alors qu'une année d'existence, comptait 547 membres titulaires.

Au 31 décembre de cette année, elle avait perdu 30 membres pour des causes diverses ; mais au 1er janvier, 66 membres nouveaux venaient combler surabondamment ces vides.

Au 15 mars, elle comptait 640 sociétaires ; aujourd'hui, Messieurs, après moins de trente mois d'existence, nous en comptons 860

La Société de Toulouse entretient des relations suivies et échange ses publications avec 67 sociétés savantes. Elle envoie actuellement son bulletin à près de 1,000 sociétés, personnalités, revues ou journaux locaux, et reçoit les publications de 54 sociétés ou revues.

Publications. — En 1883, la Société a publié 14 bulletins et un mémoire spécial formant un volume de 736 pages de texte, accompagnées de 10 planches de différente nature. La rédaction de ce volume a été l'œuvre de 27 personnes, dont 24 sociétaires. Elle résulte de 5 conférences spéciales, 27 communications, 2 mémoires particuliers, 8 rapports et 14 revues géographiques.

Gestion financière. — En 1883, la Société a disposé de 7,923 fr. Elle a dépensé 7,600 fr.

Son budget était donc en bonne situation.

En 1884, un actif en caisse de quelques centaines de francs était les seules ressources, avec les cotisations à recouvrer pour l'année et les subventions à recevoir, soit une prévision de 8,000 fr.

De grands devoirs s'imposaient. Recevoir le VIIe Congrès et lui faire comme cadre une exposition géographique digne de lui, et digne de la vieille cité industrielle et savante, au milieu de laquelle la géographie devait, cette année, arborer sa bannière. Aussi la Société marcha résolument en avant, assurée qu'elle pourrait compter sur les sentiments éclairés et élevés de nos esprits du Midi.

Elle comprit que s'efforçant de faire aussi grand que possible, elle serait comprise à Toulouse.

Elle a eu raison, car nous avons été soutenus par tous dans ces contrées généreuses. Des adhésions nombreuses affluèrent sur notre contrôle, et nous avons trouvé auprès de toutes les autorités, de toutes les administrations les sympathies les plus complètes, l'appui le plus large. Enfin, Messieurs, nous devons le dire très haut, dans cette assemblée où sont réunis les représentants de toutes les sociétés de France et de celles des grandes nations qui ont le culte de la géographie, si nous avons pu vous recevoir d'une façon digne de vous, nous le devons à la subvention exceptionnelle de M. le Ministre de l'Instruction publique, à celle du Conseil général et à la munificence du Conseil municipal de Toulouse auquel je rends, du fond du cœur et au nom de la Société de Géographie de Toulouse, un hommage profond de gratitude et de reconnaissance.

Comme résultat, je crois devoir déclarer que la vie de la Société de Toulouse est désormais assurée sur de larges bases, car nous avons opéré avec une sage prévoyance, et malgré les lourdes charges que nous avons supportées cette année, notre budget s'équilibrera avec honneur.

Notre Société a donc un corps vigoureusement constitué pour faire honneur aux devoirs qui lui incombent dans le monde géographique, et une âme qui lui permettra de suivre l'exemple de ses aînées et surtout de sa grande sœur de Paris.

—

ALLOCUTION

DE M. GAUTHIER DE LA RICHERIE, DÉLÉGUÉ DE LA SOCIÉTÉ DE GÉOGRAPHIE DE ROCHEFORT.

MESSIEURS,

La Société de Géographie de Rochefort compte aujourd'hui 332 membres titulaires. Après avoir attiré les officiers de tous les corps de la marine militaire et une partie notable de la population civile, elle a, cette année, dirigé son effort vers les fonctionnaires de l'enseignement primaire. Bien persuadée que le but principal de nos sociétés est de répandre l'enseignement de la géographie à tous les degrés de l'instruction et les connaissances dans tous les rangs de la société, elle admet les instituteurs et les institutrices, comme membres titulaires, à la cotisation réduite de 5 francs. Un assez grand nombre a déjà répondu à cet appel, et nous constatons avec plaisir que les institutrices ne sont pas les dernières.

Un concours est désormais ouvert, chaque année, entre tous les fonctionnaires de l'enseignement primaire dans le département de la Charente-Inférieure. Ce concours, récemment institué, n'a pas encore donné tous les résultats qu'il donnera. C'était la première fois ; les instituteurs n'étaient pas suffisamment prévenus ; le temps accordé était trop court ; mais cette année nous sommes assurés de mieux réussir, et nous savons que nos médailles seront disputées par un grand nombre de concurrents.

La question posée est celle-ci : *Explorations faites en Afrique au* XIXe *siècle. — Résultats obtenus. — Avenir ouvert à la France par les explorateurs.*

Ouvert le 10 mars, le concours sera fermé le 31 décembre.

Nous avons institué de même des concours pour les élèves des écoles primaires.

Les questions posées étaient celles-ci :

Pour les garçons : *Cours de la Charente.* — *Départements qu'elle traverse.* — *Villes qu'elle arrose.* — *Souvenirs historiques.* — *Industrie, commerce.*

Pour les filles : *Ligne de chemin de fer de Nantes à Bordeaux.* — *Départements qu'elle traverse; villes qu'elle dessert,* etc., etc.

Les élèves ont deux heures pour faire la composition.

Nous devons dire que pour la création de ces concours, nous avons trouvé l'appui précieux et empressé de M. le Recteur de Poitiers, de M. l'Inspecteur d'Académie de la Rochelle, et en même temps le zèle très éclairé d'un de nos collègues, M. Doin, inspecteur des écoles primaires de Rochefort.

Nous considérons ces institutions comme notre œuvre capitale pour le moment.

Inutile d'ajouter que la Société a continué à décerner un prix de géographie au collège de Rochefort. Le chef distingué de cet établissement, M. Ladame, est pour nous un puissant auxiliaire. Grâce à lui, les élèves des cours supérieurs sont, à toutes nos réunions, des auditeurs assidus et attentifs.

Nous n'avons pas négligé l'enseignement à donner au public de notre ville, car nos portes sont toujours ouvertes toutes larges au public. Nos conférenciers ont rivalisé avec ceux des années précédentes.

La Société, aidée de certaine générosité individuelle, a acquis un appareil à projection de M. Molteni, avec tous les accessoires nécessaires. Les projections lumineuses qui complètent si bien les démonstrations sont un attrait très apprécié du public.

M. Ritt en a montré toute l'utilité lorsque, dans les jardins de l'exposition de la ville, il fit défiler, l'été dernier, quantité de vues magnifiques de Pompéi et de Constantinople, pendant que ses commentaires animés charmaient 1,200 ou 1,300 auditeurs groupés autour de la tribune improvisée en plein vent.

Plus tard, M. le lieutenant de vaisseau Courcelle-Seneuil, à peine revenu de la mémorable expédition au cap Horn, a bien voulu nous en communiquer les principaux résultats.

Bientôt après, M. le docteur Vincent, médecin-major du *Talisman*, nous a mis au courant des nouvelles conquêtes de la dernière expédition de M. Milne-Edwards et de ses savants compagnons.

M. le lieutenant de vaisseau Campion nous a raconté un voyage qu'il avait fait dans la mer Blanche.

M. le capitaine Gautres, son voyage au pays des Moïs.

M. Charles Rabot, ses excursions périlleuses en Laponie et au Spitzberg.

M. le capitaine Bouinais nous a décrit la Cochinchine, qu'il connaît si bien.

M. Georges Renaud vient de nous dépeindre la situation des Français à Madagascar, en faisant vibrer l'espoir patriotique de voir là encore se former un établissement prospère.

M. le professeur Féris, de l'Ecole de médecine de Brest, a développé publiquement le sujet original de l'alimentation chez les différents peuples.

M. Chevard, ingénieur civil, nous a magistralement exposé le projet de mer intérieure du colonel Roudaire.

Nous ne ferons qu'indiquer les principaux mémoires qui ont été lus à nos séances ordinaires et publiés dans notre *Bulletin*.

Les voies de pénétration dans la Chine occidentale, du commandant de Bizemont, et les routes du Niger, par M. Louis Delavaud; notice biographique sur Quiros et la légende géographique des îles Marquises, par le docteur Lesson; l'ethnographie des Pahouins.

—

ALLOCUTION

DE M. L. DRAPEYRON, SECRÉTAIRE GÉNÉRAL, AU NOM DE LA SOCIÉTÉ DE GÉOGRAPHIE DE FRANCE.

MESSIEURS,

Il serait, je crois, superflu de vous exposer en détail les progrès accomplis depuis l'an passé par la Société de Topographie de France. La presse vous a déjà renseignés sur ce point.

Autorisée par M. le Ministre de la guerre à ouvrir, sur tout le

territoire français, avec la coopération des officiers de l'armée ac-
tive, des cours publics et gratuits de topographie, notre association
n'a rien négligé pour aborder le plus promptement et le plus utilement possible la tâche qu'elle avait assumée. Une part légitime doit
être faite à l'initiative et au labeur de notre président, M. le contrô-
leur général de l'armée Martinci, et de M. le commandant du génie
J. Richard, vice-président, et de M. Guillaumin, secrétaire. Mais nous
voulons surtout remercier ici les excellents professeurs militaires
qui ont répondu à notre appel et les municipalités qui ont mis à
notre disposition les locaux et les ressources nécessaires. Les autorités les plus élevées de l'armée et de l'université ont honoré de
leur présence l'inauguration de ses cours. Le 25 avril dernier, le
président de ce Congrès, M. le colonel Perrier, de l'Académie des
sciences, ouvrait notre cours de topographie, à Nîmes, en y pro-
nonçant d'éloquentes paroles que nous avons tous lues et qui me
dispensent de vous faire l'éloge de la méthode dont nous poursui-
vons la vulgarisation. Plusieurs sociétés de géographie, celles de
Lyon, de Nancy, de Lille, ont grandement contribué à notre succès.
Nous ne doutons pas que, l'année prochaine, nous n'ayons à exprimer à toutes notre gratitude. Nous ne négligerons rien pour que
Toulouse soit dotée d'un cours de topographie, à l'instar de la plupart des grandes villes.

Trente-sept cours provinciaux comptant plus de trois mille auditeurs, parmi lesquels beaucoup d'élèves de nos lycées et d'instituteurs : voilà, exprimés de la façon la plus laconique, les résultats
obtenus, dans un laps de sept mois, par notre Société.

Nous n'avons pas achevé de gagner à cette cause patriotique les
villes, et déjà on nous suggère des moyens pratiques pour conquérir
tous les chefs-lieux de cantons. Cause patriotique, avons-nous dit;
mais aussi cause scientifique. En effet, par des excursions topographiques, par la pratique de la carte de l'état-major sur le terrain
même, par des exercices variés au tableau, qui n'ont rien de commun avec les fantaisies cartographiques d'autrefois, nous ferons
triompher la géographie expérimentale, nous mettrons la génération présente en rapport immédiat et familier avec cette terre que
l'homme, qui s'y croyait exilé, traitait trop souvent en étrangère,

7

presque en ennemie. Ce sera comme une nouvelle et définitive prise
de possession.

C'est l'honneur et l'originalité de la Société géographique que je
représente ici, d'avoir toujours mis au premier rang les questions
d'enseignement. L'un de ses membres les plus actifs, M. René
Allain, s'est chargé de répondre au questionnaire soumis par nous
au septième groupe du Congrès international de Venise; un autre,
M. François Bazin, le doyen des professeurs spéciaux de géographie, a élaboré un plan de réforme de l'enseignement géographique
dans les écoles supérieures municipales; un autre, enfin, M. Victor
Turquan, a publié un atlas qui satisfait à des vœux récents.

Pour que ce grand mouvement géographique aboutît à des résultats durables, la Société de Topographie a proposé récemment la
création d'une Ecole nationale de Géographie. Il n'est pas de géographe notable qui n'ait, à cette occasion, rendu à son initiative un
précieux hommage. Ceux mêmes qui doutent ou qui craignent de la
voir mener promptement à bonne fin « ce grand dessein, » souhai-
tent très sincèrement la réalisation de tel ou tel point de notre vaste
programme. La création de hautes classes de *Physique du globe* et
de *Géographie appliquée à l'étude de l'histoire*, à plus forte raison,
celle d'une agrégation de géographie distincte de l'agrégation d'histoire, n'ont rien qui les effraie. Eh bien, grâce à nous, ces questions, de la sphère où elles s'agitaient depuis plusieurs années, ont
été portées devant l'Institut de France. Nous savons par des témoins autorisés la vive impression qu'a faite, au sein de l'une des
Académies, la communication d'un savant illustre, H. Maximin
Deloche, réclamant une agrégation et de nouvelles chaires de géographie. Un autre membre de l'Institut, sans aller encore jusqu'à l'institution d'une Ecole, a réclamé l'organisation d'un enseignement
supérieur complet de géographie, d'après le plan que nous avons
tracé. La Société de l'enseignement supérieur, celle de l'enseignement secondaire, qui, plus que toute autre, ont qualité pour parler
au nom de l'Université, se sont prononcées dans ce sens. Est-ce
dans une Ecole spéciale, à l'Ecole normale supérieure, à l'Ecole des
hautes études, ou, de préférence, à la Sorbonne que « cet enseignement complet de géographie » doit être institué? La seconde de ces
sociétés a laissé la question indécise, tandis que la première re-

vendique énergiquement pour la Sorbonne « le séminaire géographique. »

Pourquoi deux de nos récents ministres de l'instruction publique, pourquoi des hommes tels que MM. Elisée Reclus, le général Faidherbe, de Quatrefages (de l'Académie des sciences), acceptent-ils sans restriction l'idée d'une Ecole nationale de géographie? C'est, croyons-nous, parce qu'ils ont pu constater combien la France savante devait à nos grandes écoles spéciales, à l'Ecole normale supérieure et à l'Ecole polytechnique, pour ne citer que les plus célèbres. Or, une Ecole de géographie figurait parmi les grandes créations scolaires de la Convention. Si elle a disparu dès les premières années de ce siècle, c'est que son programme était trop étroit, et que d'ailleurs le goût de la géographie n'était pas encore assez éveillé dans la nation. Aujourd'hui, elle pourrait être rappelée à la vie.

Au point de vue politique, économique et colonial, elle apparaît comme indispensable.

Par l'enquête incessante qui doit lui incomber, l'Ecole nationale de Géographie exercera une influence considérable et bienfaisante. Elle finira par être ce quatrième pouvoir de l'Etat, vainement cherché jusqu'à ce jour; elle donnera non pas des ordres, mais des avis autorisés. Voilà pourquoi nous préférons une Ecole *nationale* à la Faculté *libre* de Géographie, dont la section vosgienne de la Société de l'Est souhaite la fondation.

Enfin, la géographie a besoin d'être constamment vivifiée par les sciences. De là la nécessité d'un contact permanent qui ne peut guère s'effectuer que dans une Ecole. Certes, nous devons laisser chaque science se développer librement dans sa sphère propre, mais nous devons aussi nous en assimiler la substance. Croit-on, par exemple, que la chaire de géologie de la nouvelle Ecole fît double emploi avec celle de la Faculté des sciences? Le contraire est évident; car ici la géologie aurait une base particulière, l'explication de la géographie physique. Ce fait n'a pas échappé à un professeur de géographie tel que M. Paquier, membre de la commission centrale de la Société de Géographie de Paris, qui a si vaillamment défendu le projet d'un Institut géographique. Des spécialistes éminents ont pu se prononcer contre; mais qu'ils y prennent bien garde, proclamer l'inutilité d'une Ecole de géographie, c'est proclamer en même temps l'inutilité de savants tels que Humbold, qui s'était si merveilleusement assimilé toutes ces sciences qu'ils veulent, eux, empêcher de communiquer entre elles.

Pour triompher des résistances d'ordres divers que nous sommes exposés à rencontrer, il nous faut prouver aux lettres que la géographie est bien une science, aux savants qu'il ne faut pas en négliger les applications politiques et historiques. Quand notre démonstration sera faite, la géographie apparaîtra comme une synthèse. Or, qui dit synthèse dit explicitement Ecole.

Pour peu qu'on y réfléchisse, on se convaincra que les périls qu'aux yeux de quelques-uns l'Ecole de Géographie ferait courir soit aux Ecoles déjà existantes, soit aux Sociétés de Géographie, sont imaginaires. La centralisation n'est pas à craindre ici, car l'institution d'une Ecole de Géographie n'empêcherait pas celle de nouvelles chaires dans les Facultés provinciales françaises.

Je me résume : Paris et la France auront une Ecole spéciale de plus, celle qui leur est présentement la plus nécessaire; quant aux départements, ils n'auront ni une Société de Géographie ni une chaire de géographie de moins.

Que si on m'objecte la situation présente du budget, je répondrai : le moment où on étudie le mieux un projet est celui où on ne dispose pas d'argent pour le réaliser immédiatement. La variété des solutions proposées, le mérite et le patriotisme de ceux qui les proposent, le droit et le devoir qu'ont les Sociétés de Géographie et le Congrès lui-même de favoriser le développement des Ecoles géographiques : tout vous engage à nous accorder une attention soutenue

C'est avec des œuvres topographiques remarquables que nous nous présentons au Congrès de Toulouse. Dessinateur et graveur distingué non moins qu'érudit, M. Amédée Jullien, l'auteur d'un des plus rares ouvrages de notre temps, *la Nièvre à travers le passé*, nous offre, cette année, sa magnifique carte historique du Nivernais ; M. Doulnois, lauréat du Congrès de Douai, comme M. Jullien, a exécuté le plan en relief d'un canal à niveau des deux mers, précieuse contribution à un projet qui doit être populaire ici ; à l'aide d'un travail analogue, M. le baron de Vautheleret fait sa preuve de l'opportunité de la percée centrale des Alpes au grand Saint-Bernard, qui doit préparer la revanche économique de la France sur l'Allemagne sans compromettre la défense de notre frontière de l'Est (1).

Vous le voyez, Mesdames et Messieurs, nous travaillons pour la paix autant que pour la guerre. Aussi, tout récemment, les ministres de l'instruction publique et des travaux publics nous ont-ils accordé leur haut patronage.

(1) Voir, dans le journal *le Soir*, l'étude de M. le commandant Richard (n⁰ˢ des 8, 9 et 11 mai 1884).

RAPPORTS

TERMINOLOGIE ET PRONONCIATION GÉOGRAPHIQUES

PAR M. LABROUE,

Président de la Commission de Terminologie et de Prononciation géographiques de la Société de Géographie commerciale de Bordeaux.

La Commission de terminologie et prononciation géographiques de la Société de Géographie commerciale de Bordeaux, vient, pour la *troisième fois* vous soumettre le résultat de ses travaux.

Permettez-moi d'abord de vous entretenir de la prononciation géographique.

Notre enquête, modeste autant que consciencieuse, a eu dans la presse parisienne un retentissement auquel elle était loin de s'attendre. M. Francisque Sarcey lui a consacré trois articles dans le XIXe *siècle*. La lettre de M. de Boissière, que nous avons communiquée l'an dernier au Congrès de Douai, lui a fourni les principaux arguments de sa critique contre notre enquête.

Le spirituel journaliste l'a combattue et condamnée. A la fin de son troisième article, il avoue qu'il a reçu à ce sujet un grand nombre de lettres. C'est dire assez que l'opinion publique s'intéresse à cette question de prononciation géographique.

En présence de ces discussions, de ces objections, de ces critiques, la Commission a pensé qu'il était nécessaire de présenter quelques réflexions aux membres du Congrès de Toulouse ; elles feront mieux connaître le véritable caractère de nos travaux **et les recherches** *sérieuses que nous avons faites.*

MM. de Boissière et Sarcey estiment que l'usage parisien doit prévaloir sur l'usage local. Oui, certainement, si l'usage parisien est bien établi et incontesté. Combien de noms douteux qui sont différemment prononcés à Paris. Nulle part nous n'avons trouvé plus de différence dans la prononciation et plus d'avis contraires sur cette question, que dans la Capitale. Seule, l'Académie française aurait pu se prononcer avec compétence en pareille matière ; elle aurait pu régler cet usage parisien et le faire prévaloir. Nous aurions été heureux d'accepter son verdict; nous l'avons sollicité, MM. Sandeau et Victor Hugo ont bien voulu nous répondre.

Au Congrès de Bordeaux nous vous avons communiqué la lettre de M. Jules Sandeau. La réponse de Victor Hugo peut se résumer ainsi :

« Il n'y a pas un habitant du Quercy qui ne vous dise mieux » que moi comment se prononce *Luzech*? *Luzèche* ou *Luzeck*, » et il nous adresse à un bordelais, M. C., pour résoudre les difficultés que nous lui soumettons.

Si nous ouvrons l'*Histoire de France* de Henri Martin, cet académicien regretté que la mort nous a enlevé cette année, nous voyons qu'il écrit *Blaie* pour *Blaye ;* certainement il prononçait comme il écrivait et nous ne pourrions accepter cette prononciation.

Ainsi, Henri Martin se trompe, Sandeau et Victor Hugo se récusent et nous renvoient aux habitants des lieux dont nous voulons connaître l'exacte prononciation.

La différence de prononciation et les avis contraires d'hommes éminents, confirment cette opinion émise par de savants géographes et approuvée par les Congrès de Lyon, de Bordeaux et de Douai, que la prononciation locale est la seule base sur laquelle, quand il n'existe pas d'usage général, puisse s'établir l'unification de la prononciation géographique. C'est dans ce sens que nous avons fait nos recherches pour avoir des indications sur les noms DOUTEUX qui sont différemment prononcés par les personnes sérieuses, instruites, distinguées. Les renseignements nous ont été fournis par des hommes de valeur, par des membres de sociétés savantes, par des inspecteurs d'Académie et des professeurs agrégés de l'Université, dont les lettres sont parfois pleines d'érudition et forment un dossier intéressant qui mérite d'être intégralement publié.

Nous espérons que cette publication se fera lorsque l'enquête sera complètement terminée.

Nous avons aussi cru devoir prendre des informations auprès de quelques municipalités, bien que M. Sarcey ait dit, avec plus d'esprit que de raison, qu'elles n'avaient pas été élues pour s'occuper de prononciation géographique.

Inutile d'ajouter que nous n'entendons pas faire prévaloir un usage **indigène** contre un usage général, **que nous ne respectons pas l'erreur d'un petit groupe d'habitants** (1), pas plus que nous ne voulons faire revivre la prononciation des paysans et des gens du peuple ignorants.

Négrepelisse et Boulogne ont une prononciation bien établie, définitive et ne rentrent pas dans les noms douteux. Aussi n'est-il venu à la pensée d'aucun membre de la Société de Géographie de Bordeaux de demander comment se prononcent les noms de ces deux villes. C'est se donner une victoire facile, et permettre à un journaliste plaisant de jeter quelque ridicule sur notre enquête en laissant croire que des géographes peuvent **accepter** et **recommander** les prononciations des paysans : *Granopelisse* et *Boulone* pour *Négrepelisse* et *Boulogne;* que nous voulons *soumettre les Parisiens aux fantaisies d'un jargon provincial et leur faire dire : Chaint-Flour pour Saint-Flour; Saint-Aubin-des-Cormiaux pour Saint-Aubin-des-Cormiers* (2).

Il est vraiment extraordinaire que des esprits sérieux aient pu supposer que la Société de Géographie de Bordeaux veut faire une Jacquerie pour tenter une pareille restauration gothique !

Des paysans disent aussi : *Bragéra, Fouïch, Qui imper, Durlin, Agén, Mouïssac, Castelsarrazi,* pour *Bergerac, Foix, Quimper, Doullens, Agen* (ain), *Moissac, Castelsarrazin.* Il n'est venu cependant à l'idée de personne de mettre en doute la véritable prononciation de ces noms de ville et de faire adopter celle qui paraît défectueuse. Il n'en est pas de même du mot *Tarn;* des recherches nombreuses et des raisons sérieuses nous ont engagés à adopter la prononciation *Tar.* Tous les habitants des bords de ce cours d'eau

(1) Lettre de M. de Boissière.
(2) Article de M. Sarcey, du 3 avril 1884.

et des départements riverains prononcent *Tar ;* ils sont assez rares ceux qui disent *Tarne.* Demandez à toutes les notabilités d'Albi, de Gaillac, de Montauban, de Moissac comment on prononce ce mot, personne ne vous répondra *Tarne.* Doit-on prononcer *Tarne,* comme le pense M. de Boissière, parce que Tarn est la traduction de *Tarnis ? —* Nous ne croyons pas devoir revenir aujourd'hui à la prononciation latine. On disait *Tar* à Paris et dans la France, au commencement du dix-septième siècle. C'est ainsi que prononçaient Henry IV et sa cour. *T,a,r,* ortographe que reproduisait la prononciation française de son temps. *Tar* n'est donc pas une prononciation de paysans ; elle répond aux traditions du langage du pays et de la France. *Tar* est plus doux et plus français que *Tarne.* Pourquoi donc ne pas prononcer *Tar*, à moins que les Parisiens ne veuillent en ce cas faire prévaloir cette formule tant de fois reprochée aux Méridionaux « que les lettres sont faites pour être prononcées. »

En somme, il ne s'agit pas, ainsi que l'écrit avec raison, à propos de *Ville-d'Avray* (Art. du xixe *siècle,* du 3 avril 1884), un des correspondants de M. Sarcey : « de savoir si les Parisiens ont tort » d'ouvrir la bouche ou si les paysans ont raison de la fermer ; » il s'agit de connaître la signification du mot et la véritable prononciation.

Dans ce même article, M. Sarcey semble revenir un peu sur les critiques par trop vives qu'il nous avait adressées. Il convient qu'on doit parfois adopter la prononciation locale, même si elle est contraire à la prononciation parisienne. C'est ce qu'il démontre pour Vitry-le-François :

« M. Cochery a déjà donné raison aux habitants de cette ville ;
» vous verrez maintenant sur *l'Annuaire des Postes,* leur ville figurer
» sous le nom de *Vitry-le-François.* Quand le chemin de fer ins-
» talla la gare, il écrivit au fronton : *Vitry-le-Français* à la pari-
» sienne. La municipalité réclama et elle vient d'obtenir enfin que
» le malencontreux *a* fût remplacé par un *o,* plus conforme aux
» données de l'histoire; *c'est aux Parisiens à se soumettre.* — Mieux
» vaut qu'ils le fassent tout de suite et de bonne grâce, car l'ortho-
» graphe officielle aurait nécessairement dans un temps donné
» raison de leur résistance ; il sera donc plus spirituel à eux de

» s'exécuter volontairement et de bonne grâce. Pour moi, c'est une
» affaire conclue ; je promets de ne plus jamais écrire ni dire que
» *Vitry-le-François*, à la Champenoise. »

M. Sarcey l'a dit : « *C'est aux Parisiens à se soumettre,* » quand
ils prononcent contrairement à un usage local **sérieux**. Ajoutons
aussi que c'est aux provinciaux à se soumettre, lorsque leur prononciation est opposée à ce même usage.

Nous voudrions que Parisiens et Provinciaux disent *Blaye, Béfort,
Gu-ise, Sainte-Ménou, Etrées, Saint-Secé,* s'il est vrai que l'on dise
ainsi dans ces diverses villes.

Nous voudrions, en un mot, que l'on fît d'abord pour la France, ce
que M. de Boissière demande pour l'étranger, « il faudrait, dit-il,
» autant que possible, se conformer à la prononciation et à l'ortho-
» graphe du pays d'origine. » — Ce que M. de Boissière désire
nous paraît plus difficile à obtenir que ce que nous réclamons.

L'unité de prononciation géographique française peut se faire
avec des recherches et un peu de bonne volonté.

L'unité de prononciation de géographie européenne se fera peut-
être plus tard. — Pour nous, nous estimons que notre enquête
rendra de réels services à l'unification géographique.

Parce qu'on ne s'est pas encore entendu sur ces diverses prononciations, est-ce à dire qu'on ne s'entendra pas et qu'il n'y a
rien à faire, comme le déclare M. Sarcey ? La Commission et les
Congrès ne l'ont pas pensé ainsi. Non seulement il y a quelque
chose à faire, mais il y a quelque chose de fait.

Au Congrès de Bordeaux, nous avons fait un appel aux géographes ; nous les avons priés de faire comme nous, une enquête
sérieuse, de nous communiquer leurs résultats et de vouloir bien
indiquer dans leurs ouvrages la prononciation de certains mots
douteux. C'était le seul moyen de débrouiller le chaos, de sortir
de la confusion en donnant une indication précise aux professeurs,
aux instituteurs, à la jeunesse de nos écoles, presque toujours
ignorante de la véritable prononciation géographique souvent en
contradiction avec l'orthographe.

C'est ainsi que déjà nous pouvons relever les noms suivants
dans l'excellente géographie de Dussieux :

ILE D'AIX	se prononce	**Ile Dé**
ILE D'OLERON	»	**Ile d'Olron**
LAONNAIS	»	**Lannais**
LAON	»	**Lan**
MERLERAULT	»	**Melleraut**
CRAONNE	»	**Cranne**
SAINTE-MENEHOULD	»	**Sainte-Menou**
VITRY-LE-FRANÇOIS	»	**Vitry-le-François**
BELLEY	»	**Beley**
BLAYE	»	**Blaye**
MILLAU	»	**Miliau**
CONDOM	»	**Condon**
ROSCOFF	»	**Rosco**
SAINT-CAAST	»	**Saint-Câ**
RIOM	»	**Rion**
BELLAC	»	**Belac**
SAINT-YRIEIX	»	**Saint-Irié**
SEEZ	»	**Sai**
BELFORT	»	**Béfort ou Belfort**
SAÏGON	»	**Ségon**

Nous applaudissons à cette heureuse et intelligente initiative ; nous espérons qu'elle sera suivie par tous nos géographes.

Voici maintenant le résultat de notre enquête pendant le cours de cette année ; M. Mengeot, le zélé secrétaire de notre commission, a écrit plus de 130 lettres pour demander des renseignements sur un grand nombre de noms. La prononciation d'une soixantaine, suffisamment motivée, nous a paru devoir être acceptée.

Nous les soumettons à votre approbation.

FRANCE

ABBEVILLE	se prononce	**Ab'ville**
ANNECY	»	**Ann'cy** (a bref)
BAIGTS	»	**Batch**
BÉARN	»	**Béarn**

Biarritz (1)	se prononce	Biarriss
Bourg-sur-Gironde (2)	»	Bourk
Caen	»	Can
Calvados	»	Calvadoss
Cassis	»	Cassiss
Castillon	»	Cas'tillon (ll mouillées)
Castillonnès	»	Cas'tillonné (ll mouillées)
Chamonix (3)	»	Chamonî
Colayrac	»	Colérac
Coutras	»	Coutrâ
Cubzac	»	Cub-zac
Ecouen	»	Ecouan
Grand-Lemps (Le) (4)	»	Gran-Lains'
La Mothe-Montravel	»	La Mote-Monravel
Layrac (H.-G.)	»	Lérac
Layrac (L.-et-G.)	»	Lé-i-rac
Le Fleix	»	Le Flé
Le Mas d'Agenais	»	Le Mas'd'Agenaî
Léognan	»	Lé-o-gnan
Lillebonne	»	Lillebonne (ll mouillées)
Longwy (Jura)	»	Lon-vi
Longwy (M.-et-M.)	»	Lon-oui
Maurens (Dordogne)	»	Maurins'
Mauzens-Miremont	»	Mauzins-Miremon
Moncaret	»	Moncaré
Monségur (B P.)	»	Monségur
Monségur (Gironde)	»	Monségur
Monségur (Landes)	»	Monsegur
Montpellier	»	Mon-pé-lié
Montréjeau	»	Mon-réjeau
Pons	»	Pon

(1) L'administration des Postes écrit Biarrits.

(2) On dit et on écrit les Bourquais 'et cependant, pour désigner le pays, on dit le Bourgeais.

(3) S'écrivait autrefois Chamounix et Chamouny.

(4) Malgré les réclamations des habitants et de la municipalité, la Cᵉ P. L. M. oblige ses employés à prononcer Gran-Lan.

RABASTENS–BIGORRE	*se prononce*	**Rabas'tèns'**
ROUEN	»	**Rouan**
SALAT (1)	»	**Salat**
SALEYS	»	**Salé-is'**
SALIES (B.-P.)	»	**Salîs'**
SALIES (H.-G.)	»	**Salis'**
SARLAT	»	**Sarla**
SÈES (2)	»	**Sê**
SÉEZ	»	**Sé**
SIGEAN	»	**Sijan**
SAINT-AMANT-DE-BOIXE	»	**Saint-Aman-de-Bouaxe**
SAINT-ANDRÉ-DE-CUBZAC	»	**Saint-André-de-Cub zac**
SAINT-ANDRÉ-LE-GAZ (3)	»	**Saint-André-le-Gaz**
SAINT-CIRQ (4)	»	**Saint-Çir**
SAINT-MÉARD-DE-GURÇON	»	**Saint-Méar**
SAINT-MÉDARD-DE-GUIZIÉRES	»	**Saint-Médar**
SAINTE-MÉNÉHOULD	»	**Saint-Ménou**
SAINT-OUEN (Seine)	»	**Saint-Ouen**
SAINT-OUEN (Char.-Inf.)	»	**Saint-Ouin**
SAINT-PONS	»	**Saint-Pon**
SAINT-VALÉRY	»	**Saint-Val'ry**
TONNEINS	»	**Tonneins'**
VIC-DESSOS	»	**Vic-dessô**
VILLEFRANCHE-DE-LONGCHAPT	»	**Villefranche-de-Loncha**
VITRY-LE-FRANÇOIS	»	**Vitry-le-François**

(1) Le Salat passe à Salies (H.-G.) et le Saleys à Salies (B.-P.).

(2) Ancienne orthographe *Séez*, encore employée dans les livres et affaires ecclésiastiques.

(3) Le nom de cette localité a été transformé ; avant l'établissement de la ligne P. L. M., c'était *Saint-André-le-Gua*.

(4) On écrit aussi quelquefois, mais à tort, *Saint-Cirq*.

GUERNESEY (1)   *se prononce* **Guernezé** (comme guerre)
JERSEY (2)   »   **Jerzé**

Avant de terminer, la Commission doit encore vous entretenir de la terminologie géographique.

Notre dévoué collègue et ancien vice-président, M. Hübler, qui s'intéresse tout particulièrement à cette question, nous a envoyé de Saint-Louis du Sénégal, la lettre que lui a adressée à ce sujet M. Elisée Reclus, et la réponse qu'il a faite.

Nous vous communiquons ces deux lettres en vous priant de vouloir bien en accepter les conclusions.

—

Copie d'une lettre de M. Elisée Reclus à M. Hübler.

Clarens-Vaud, 31 décembre 1883.

Monsieur et cher collègue,

Des occupations pressantes m'ont empêché jusqu'à maintenant de vous soumettre quelques observations relatives à la liste des termes géographiques proposés par vous au Congrès national des Sociétés françaises de Géographie et publiées depuis en brochure.

Vous avez commencé l'œuvre, j'espère que vous rendrez aux Géographes le service de la continuer. D'année en année vous agrandirez vos conquêtes. Grâce à l'œuvre que vous avez inaugurée, nous finirons par posséder un dictionnaire technique de la géographie, et nos mots auront, sur ceux des autres sciences, l'avantage d'être vraiment français, pris dans l'idiome populaire, tandis que la plupart des autres termes scientifiques restent grecs ou latins : ils n'ont pas été « vécus. »

J'arrive aux observations que me suggère votre liste ; d'autre

(1) L'administration des postes anglaises écrit *Guernsey*.
(2) La prononciation locale anglaise est *Djerzé*.

part vous aurez reçu sans aucun doute des lettres qui agrandiront
le débat.

CLUSE. Une déchirure du sol, une frisure au fond desquelles ne
coulent pas les eaux, ne sont-elles pas aussi des cluses? Peut-être
serait-il bon de rappeler qu'en Provence et dans les Alpes-Mari-
times on dit la clus et non la cluse.

COMBE. Mot qui se trouve déjà dans Littré, avec une définition
plus générale et peut-être meilleure, car la combe se rencontre
parfaitement sans rivière qui l'arrose.

CRÈT. Dans le pays des collines, le mot de crêt s'applique également à la saillie suprême pourvu qu'elle soit formée de rochers.

TUQ. Ne vaudrait-il pas mieux l'écrire tuc?

UBAC. L'origine de ce mot doit nous faire adopter une autre
orthographe, si ce mot est maintenu dans notre vocabulaire ; l'ubac
ou l'oubac est synonyme de lou Bach, le bas, le côté tourné vers
l'ombre. C'est un mot patois, mais non un mot français.

CRASTE. Ne serait-il pas nécessaire de donner une définition de la
Craste? Il me semble que la craste est un canal d'égouttement de
terres basses, souvent c'est un canal artificiel retourné à l'état de
nature. Qu'en pensent nos Landais et Gascons ?

JALLE. Une explication serait également nécessaire La jalle
n'est-elle pas une rivière à fond de sable et à l'eau brunie par
l'humus des bruyères ? Ce sont les Bordelais qui peuvent nous ren-
seigner à ce sujet.

DOIE. J'ajouterai Doux, qui est aussi communément employé.

EFFLUENT. La définition pourrait être plus courte « déversoir
latéral. » Un effluent peut se diriger vers la mer aussi bien que
vers un autre fleuve.

TRAVAILLEUR. Je ne crois pas que ce mot doive être maintenu
dans notre dictionnaire. Il ne peut être employé d'une manière
isolée.

FLACHÈRE, « ensemble de flaques. » Cette définition aurait l'avantage de rattacher ce nouveau mot à son radical. En Normandie on
dit : plache et plaque.

LÈDE. L'entre-deux des dunes n'est pas toujours marécageux ; je
crois que le mot de Lède peut être employé aussi pour les plis
d'entre-dunes en plein désert.

Ne pourriez-vous pas, quand l'occasion se présentera, proposer d'autres termes géographiques. Ne serait-il pas convenable de prendre aux marins leurs mots excellents d'*accore*, de *batture*? Les Bordelais ne nous céderaient-ils pas leur mot appliqué aux fossés et ruisseaux à marée : *Estey*? Les mots de *bétoir* et d'*emporieu*, si communément employés par les paysans, ne sont-ils pas absolument français et même plus communément employés que le mot de *scialet* proposé dans la liste? Le mot de *Toron* employé par les croisés en Palestine pour désigner les *sell*, c'est-à-dire les mottes ou buttes coniques, ne peut-il nous revenir des pays lointains comme nous sont revenus *morue* et *piton*? La *serre* ne peut-elle se compléter par son augmentatif la *serrière*? Le mot de *nu*, indiquant un filet d'eau dans une coupure du sol, n'est-il pas de ces mots qui ont l'avantage de peindre et n'est-il pas déjà connu de tous?

Je crois que vous pourriez facilement et sans audace prématurée quadrupler la longueur de la liste proposée au Congrès de 1882.

Veuillez agréer, etc.

Elisée RECLUS

Copie de la réponse de M. Hübler à M. E. Reclus.

. . . .

Je ne vois aucun inconvénient à ce que l'expression *cluse* soit appliquée à toute déchirure du sol, qu'il y ait ou non de l'eau.

Quant à l'orthographe de *cluse*, j'estime qu'il y a lieu de la conserver telle. On dit bien *clus* en Provence, mais la finale *s* ne se prononce-t-elle pas comme si elle était suivie d'un « *e*? »

Si la définition du mot *combe* que donne Littré est plus générale et plus complète, prenons-la, de même que nous généraliserons la définition de *crêt* dans le sens que vous indiquez.

Tuq a été écrit ainsi de préférence à *tuc*. « *Tuquet*, » diminutif de *tuq*, m'a porté à conserver la lettre terminale du radical.

Si *ubac*, à prononcer *oubac*, est une expression du patois, je pense que malgré son origine nous ferons bien de l'employer, ne serait-ce que pour nous éviter une périphrase au moment où il s'agira de dire d'une montagne « le côté tourné vers l'ombre. »

Nos collègues de Bordeaux compléteront la définition de « craste.» La *craste* est bien un canal d'égouttement.

La *jalle* est généralement une rivière bourbeuse, mais dont le fond n'est pas toujours de sable, exemple : les *jalles* des environs de Bordeaux.

Doie, doux pourront paraître accotés.

Effluent est, en effet, un déversoir latéral, et la rectification doit être opérée en ce sens.

Travailleur me semble toujours admissible, mais comme qualificatif seulement, car on ne saurait songer un instant à dire : « le Nil est un *travailleur*. »

En écrivant *Lède* je ne me suis pas rappelé de nos *lèdes* sénégalaises, nos entre-dunes du Cayor et du Oualo, ces dernières marécageuses cependant. Mais dans le cas de *lèdes* asséchées, ajoutera-t-on un complétif ? ou bien appellera-t-on *lède* l'entre-dunes quelle que soit sa nature ?

La Société de Géographie tirera certainement profit de l'indication des mots « *accore* » et « *batture*. » Aussi bien elle inscrira *Estey* et discutera les expressions *betoir* et *emporieu, toron* et *serrière*.

Puisque sans audace nous pouvons, à votre point de vue, quadrupler la longueur de la liste, nous irons de l'avant, non sans coups d'estoc, ainsi qu'il convient à tous les novateurs. Nos vaillants collègues bordelais n'y prendront garde cependant et atteindront le but proposé.

. . . .

                                        Th. HUBLER

DES VIGNES CHINOISES
ET SPÉCIALEMENT DES VIGNES DU CHEN-SI

Par M. F. ROMANET DU CAILLAUD,

Au nom de la Société de Géographie commerciale de Paris.

———

I

De la culture de la vigne en Chine dans les temps anciens.

La vigne vient bien en Chine ; mais depuis plusieurs siècles les Chinois ont cessé de faire du vin de raisin.

C'est vers 125, sous le règne de Vou Ti, de la dynastie Han, à la suite du voyage de Tchan Kiang dans les pays occidentaux, que les Chinois eurent la première notion du vin de raisin. Avant cette époque, il n'y avait de raisin en Chine que dans le Loung-Si, c'est-à-dire dans la partie occidentale de la province de Chen-Si qui forme aujourd'hui la province de Kan-Sou (1).

Depuis, les Chinois se mirent à cultiver la vigne, et à faire du vin de raisin. Leurs procédés de fabrication, écrit le P. Amiot (2), rappellent ceux des Grecs et des Romains. C'est dans le Chan-Si, principalement dans les environs de sa capitale Taï-Yu'en Fou, que se récoltait le meilleur vin. Le vin de Taï-Yu'en Fou était déjà célèbre du temps des Tang (du septième au neuvième siècle avant J.-C.) ; en effet, d'après la description géographique de l'empire sous cette dynastie, ce vin était envoyé en tribut à la cour des empereurs.

Sous la dynastie mongole, dont la capitale, dans le principe, fut Taï-Yu'en Fou, en plein pays de vignobles, l'usage du vin de raisin se répandit beaucoup. On le préférait au vin fait de grains, parce qu'à un goût plus agréable il joignait la propriété de se conserver

———

(1) Klaproth, *Nouveau journal asiatique*, 1828, p. 100.
(2) *Mémoire concernant les Chinois*, t. II, p. 423.

longtemps. On le mettait dans de grandes jarres, qu'on enterrait.

Sous cette même dynastie, en 1296, rapportent les annales chinoises, un grand de la cour fit, à ses frais, clore de murs les vignobles des départements de Taï-Yu'en Fou et de Pin-Yang Fou, dans la province de Chan-Si (1).

Vingt-cinq ans auparavant, Marco Polo admirait les vignobles des environs de Taï-Yu'en Fou : « Et y a moult de vingnes moult belles, dequoy il ont vin à grant habondance (2). »

Le fondateur de la dynastie Ming, Hong Von, proscrivit la culture de la vigne : ce fut en 1373 que le vin de Taï-Yu'en Fou fut offert pour la dernière fois à la cour impériale, et il défendit qu'on lui en présentât désormais (3). En même temps il ordonna d'arracher les vignes, parce que, disait-il, elles détournaient de l'agriculture et lui enlevaient des terres (4).

La province de Chan-Si cessa bien de fabriquer du vin, mais non point de cultiver la vigne. Quatre siècles plus tard, le P. du Halde écrivait dans sa *Description de la Chine* (5) : « Les vignes de cette province produisent de bons raisins, dont il ne tiendrait qu'aux Chinois de faire du vin, s'ils voulaient ; mais ils se contentent de les sécher et de les vendre dans tout l'empire. »

II

Des vignes du Chen-Si introduites en France en 1881 et en 1883.

Les vignes chinoises, que j'ai introduites en France grâce au concours des missionnaires, ne sont point originaires de cette province de Chan-Si, mais de la province voisine, le Chen-Si.

Deux d'entre ces espèces, le *Vitis Paynucci* et le *Vitis Romaneti* croissent presque à la frontière du Kan-Sou, l'ancien Loung-Si, où, comme je l'ai dit plus haut, la vigne existait dans les temps les

(1) Klaproth, *loc. cit.*
(2) *Le livre de Marco Polo*, édition Pauthier, p. 353.
(3) Klaproth, *loc. cit.*
(4) Le P. Amiot, *loc. cit.*
(5) T. I, p. 203.

plus anciens, même avant que les Chinois n'eussent appris à faire le vin de raisin.

Ces différentes espèces ou variétés de vignes sont au nombre de cinq ; quatre sont sauvages, une est cultivée.

Les vignes sauvages sont : les *Spinovitis Davidi*, à raisin blanc — et à raisin noir ; — le *Vitis Romaneti*, le *Vitis Pagnucci*.

La vigne cultivée a reçu le nom de *Vitis Chiaïsi*.

Les vignes sauvages avaient été découvertes en décembre 1872 et en mars 1873 par M. Armand David, missionnaire lazariste, l'un des naturalistes de notre époque qui ont enrichi le *Muséum* des plus belles collections.

D'après les indications contenues dans son ouvrage, l'*Empire chinois*, j'écrivis en 1880 à Mgr Chiaïs (1), l'évêque missionnaire du Chen-Si, pour lui demander des graines de ces vignes. Son coadjuteur, Mgr Pagnucci, eut l'obligeance de s'occuper de les faire récolter. Depuis 1881, chaque année, je reçois de lui des envois de graines de vignes chinoises.

III

Spinovitis Davidi.

Le *Spinovitis Davidi*, je viens de le dire, a deux variétés, l'une à raison noir, l'autre à raison blanc.

L'une et l'autre croissent sur le versant septentrional de la chaîne du Tsing-Ling, à une altitude de onze à douze cents mètres, par environ 34° latitude N. et 106° longitude E., aux environs du village d'Inkiapo, dans la vallée du Lao-Yu, l'un des contreforts du Tsing-Ling ; la pente rocheuse, qu'elle couvre de ses lianes impénétrables, est exposée au Midi.

Partout, dans cette vallée, ce sont les roches métamorphiques qui dominent : gneiss grisâtre et verdâtre, micaschistes très siliceux, autres schistes divers et phyllades ardoisières. On y rencontre également des blocs de beau granit à gros cristaux de feldspath, et un peu de calcaire mélangé de silice. C'est surtout dans les

(1) *Prononcez :* Kiaïs.

régions supérieures que le calcaire doit exister ; car dans la vallée on n'en rencontre guère que quelques blocs roulés dans les torrents.

En somme, le sol du Lao-Yu est un terrain primitif, analogue à celui du Limousin et de la Bretagne. — Dans cette région, la neige commence à paraître à la fin de novembre (1).

Le *Spinovitis Davidi* est une vigne légèrement épineuse ; d'où son nom. A la vérité, sur les sujets venus en France, il n'a encore été découvert aucune épine. Cependant, M. Armand David, lors de son voyage, a parfaitement bien vu de petites épines au bois de cette vigne (2) ; et les paquets des graines reçus de Chine portaient bien la mention : *Semina vitis spinosæ*. Il est probable que les épines ne poussent sur cette vigne que lorsqu'elle est adulte.

La forme des feuilles est fort variable ; souvent sur le même sujet et même sur la même branche on rencontre des feuilles à deux, trois et quatre lobes. Généralement ces feuilles ont la forme de celles du noisetier, mais légèrement lancéolées. Le dessous des feuilles est blanchâtre.

L'écorce se couvre d'un duvet également blanchâtre ; on dirait des fils d'araignée roulés.

Cette vigne pousse avec vigueur ; en 1881, lors de mon premier semis, j'ai eu un sujet qui, du 15 mai, époque de la germination, à la fin de l'automne, fit une pousse de $1^m,75$.

Les racines sont excessivement vigoureuses ; elles fraient à la surface de la terre et se ramifient beaucoup.

Les sujets nés en Europe ne sont pas encore assez âgés pour avoir produit des fruits.

Dans les montagnes de Lao-Yu, la floraison a lieu vers le milieu de mai ; le raisin mûrit de la fin d'octobre au commencement de novembre. C'est à la fin d'octobre que se fait la cueillette. Pour la faire dans les meilleures conditions, il faudrait attendre jusqu'aux premiers jours de novembre ; mais on ne peut pas toujours attendre jusque-là, à cause de la neige et de la gelée.

(1) Armand David, l'*Empire chinois*, t. I. pp. 145-147, 178, 201, 208-209.

(2) *Ibid.*, pp. 201, 208.

Les grains du raisin sont de la grosseur de ceux des vignes d'Europe nées de graine, c'est-à-dire qu'ils sont gros comme un fort grain de groseille. Les grappes sont ordinairement à grains distancés ; mais il y en a aussi à grains serrés, comme celles des vignes cultivées en Europe. La longueur des grappes est assez variable ; il est rare cependant que les plus grandes aient plus de 10 cent. de long.

Comme ces vignes sont absolument sauvages en Chine, il est certain que la culture européenne les améliorera, soit comme précocité, soit comme grosseur du fruit.

Les Chinois d'aujourd'hui ne font pas de vin de raisin ; mais les missionnaires franciscains de Chen-Si ont cherché à utiliser le raisin des vignes sauvages de la vallée du Lao-Yu et ils ont appris aux chrétiens de cette région à faire du vin avec ce raisin : c'est surtout celui du *Spinovitis* à fruit noir qui a été employé jusqu'à présent.

A maturité complète, ce raisin est noir comme le fruit de la ronce. Le moût qu'on en exprime est couleur de sang vif, plutôt noir que rouge. Pendant tout l'hiver, il garde ordinairement sa couleur et son goût de moût, bien qu'il ait déposé en partie les matières visqueuses et la lie qu'il contient après le pressurage. Au printemps suivant, la fermentation commence ; elle dure assez longtemps et se fait d'une manière presque imperceptible. Si pendant la fermentation on met le vin en bouteilles et qu'on bouche rapidement avec un bouchon de liège, on obtient un vin mousseux comme le champagne et rouge comme le bordeaux, d'un goût aromatique qui rappelle la framboise. Ce vin est doux et acide à la fois ; il est un peu faible en alcool. Comme goût, Msr Pagnucci le compare aux vins des collines de Pescia en Toscane.

Msr Pagnucci a continué à faire des essais de vinification sur le raisin du *Spinovitis Davidi* : en 1882, il a fait environ trois cents litres de vin. « Mon essai a réussi, m'écrivait-il le 31 août dernier, malgré les mauvaises conditions dans lesquelles il avait été tenté : Ainsi, par suite des grandes pluies d'automne, le raisin n'était point parvenu à maturité ; puis, pendant l'hiver, le vin avait été gelé, parce que, au moment où il fut transporté, il fit un froid de 14°. Néanmoins, ce vin s'est trouvé bon (*pure riusci buono*) ; et les chaleurs de l'été lui ont ôté l'âpreté qu'il devait à l'imparfaite maturité du raisin.

⌐ » Ce que ce vin a de particulier, c'est que, à n'importe quelle époque, même un an après qu'il a. fermenté (*anche dopo un anno dalla fatta sua fermentazione*), si on le met en bouteille, et qu'on le bouche avec un bon bouchon de liège, en peu de jours il prend du piquant et mousse exactement comme le champagne.

» Les Chinois, auxquels je dois me fier pour la fabrication de ce vin, ne sont nullement experts dans l'art de la vinification. Mais, si dans les pays où l'on est habile dans cet art de la vinification, ces vignes parvenaient à produire, on en pourrait obtenir un vin d'excellente qualité. »

IV

Vitis Romaneti et Vitis Pagnucci.

De même que le *Spinovitis Davidi*, le *Vitis Romaneti* et le *Vitis Pagnucci* sont originaires d'un terrain exclusivement granitique. Leur habitat est sur le versant méridional du Tsing-Ling, dans une forêt où domine l'essence chêne, mais où se rencontrent, en outre, quelques châtaigniers sauvages, le *Cephalotaxus*, les deux pins, surtout le *quinquefolia*, le *Corylus sp.*, le sumac à vernis, les cerisiers sauvages, l'orme, le charme, le bouleau blanc, le peuplier-tremble, et diverses espèces de saules. C'est dans cette forêt, voisine d'un village appelé Ho-Chen-Miao, que M. Armand David a découvert ces deux espèces de vigne. L'altitude de ce point est de treize à quatorze cents mètres ; sa latitude, d'environ 33°, 20′ N., sa longitude vers 105° E. Dans cette contrée la neige n'était pas entièrement fondue le 8 mars (1).

Ces deux vignes croissent ensemble dans les mêmes broussailles ; mais le fruit du *Vitis Romaneti* est doux et mûrit en septembre, tandis que le fruit du *Vitis Pagnucci* est acide et mûrit en octobre.

Le premier envoi de graines, celui de 1881, qui fut distribué

(1) Armand David, *loc. cit.*, p. 338-340.

sous le nom de *Vitis Romaneti*, contenait certainement beaucoup de graines de *Vitis Pagnucci*; car la récolte avait été faite très tardivement. — Les graines reçues en 1882 étaient de *Vitis Romaneti* pur.

Le *Vitis Romaneti* a des feuilles très larges, au-dessous hispide. La tige est également hispide, comme celle du framboisier; mais ses barbes ne sont point piquantes (1).

Le *Vitis Romaneti* est très hâtif; sa vigueur est plus grande que celle du *Spinovitis Davidi*. En 1883, un pied, semé l'année précédente, m'a donné une quenouille de plusieurs branches, dont l'une mesurait environ 4 mètres et d'autres 2 et 3 mètres. Actuellement, fin mai 1884, malgré la faible température du printemps de cette année, le même pied, âgé de deux ans, a fait des pousses de 1^m,50.

Les caractères du *Vitis Pagnucci* n'ont pas encore été bien déterminés; les sujets un peu forts de cette espèce manquent pour le moment. On sait seulement, comme je l'ai dit plus haut, que le fruit est acide et mûrit en octobre.

On peut espérer que la culture européenne améliorera cette espèce et en tirera des variétés qui ne conserveront que les qualités utiles.

Quant au raisin de *Vitis Romaneti*, quoique sauvage, il est parfaitement vinifiable : un missionnaire du Chen-Si en a fait du vin, et ce vin, m'écrivait Mgr Pagnucci, s'est trouvé excellent.

V

Vitis Chiaïssi.

Cette vigne est appelée en chinois *ma-nao-pou-tao*. Il lui a été donné le nom du vicaire apostolique du Chen-Si, Mgr Chiaïs.

---

(1) Ce caractère semble se retrouver dans certaine vigne sauvage du Tong-King. J'ai reçu, en 1883, des graines de vignes sauvages originaires des montagnes des provinces de Ninh-Binh et de So'n-Tây, au Tong-King. Ces graines paraissaient appartenir à deux variétés différentes. L'une semble hispide, comme le *Vitis Romaneti* Ces vignes sauvages donnent, au Tong-King, deux récoltes par an, en juin et en novembre. Elles ont reçu le nom de *Vitis Retordi*, du nom du grand évêque missionnaire qui avait commencé à les cultiver : Mgr Retord avait créé une petit vignoble quand éclata la persécution de 1859. Depuis il n'a été tenté au Tong-King aucun essai de viticulture.

Certains échantillons d'herbiers incomplets, reçus du Chen-Si, font supposer qu'elle est une variété du *Vitis heterophylla*

C'est une vigne cultivée; elle produit des grappes d'une grandeur extraordinaire. Chaque grappe est composée de rameaux distincts, qui forment chacun comme une grappe séparée, et l'ensemble a l'aspect d'une pyramide renversée. Les grains du raisin sont longs comme une sorbe et à peu près de la grosseur de ce fruit. Mûrs, ils sont d'une couleur rouge pâle ou plutôt violette. Assez dur et très charnu, ce raisin est d'un goût exquis et peut faire la meilleure figure sur la table du plus fin gourmet.

Cette vigne croît partout, mais elle préfère les endroits un peu humides. Les graines que j'ai reçues proviennent du jardin de la mission à Si-Ngan Fou. L'altitude de Si-Ngan Fou est d'à peu près 500 mètres (1) et sa latitude d'environ 34°. On peut toutefois espérer que cette vigne réussira dans des localités moins chaudes.

Sa puissance de végétation est extraordinaire; le tronc atteint les dimensions d'un arbre de grandeur moyenne. Un seul pied peut former une tonnelle dans une grande cour.

Cette vigne se propage par bouture. Mgr Pagnucci ne sait si les sujets venus de graine auront les mêmes propriétés. Il est probable que les variétés obtenues dans les semis pourront différer du type chinois par la qualité du fruit, mais qu'elles conserveront sa vigueur de végétation.

VI

De quelques autres vignes de la Chine.

La Chine produit encore au moins une autre espèce de vigne. Cette espèce est connue en Europe depuis longtemps; c'est le *Vitis Amurensis*. Son habitat principal est, comme l'indique son nom, le bassin du fleuve Amour. On la trouve également dans les montagnes des environs de Péking (2).

C'est sans doute des vignes de cette espèce que le P. Gerbillon

(1) Armand David, *loc. cit.*, p. 129.
(2) Armand David, *loc. cit.*, p. 209.

rencontra en Mongolie, près de Poro-Hotun, dans le bassin du Lan-Ho, fleuve qui se jette dans le golfe du Tché-Ly. « Nous trouvâmes, dit-il, dans ces vallées étroites, beaucoup de vignes sauvages;.... le raisin est noir;.... quoique mûr, il est un peu aigre » (1).

Je termine cette notice par quelques détails sur la culture horticole de la vigne dans la province de Tché-Ly (2), détails extraits de la *Vie de Monseigneur Dubar*.

Dans cette province, « le raisin, d'excellente qualité du reste, est très rare. Point de vigne en espalier contre les murs des maisons ou des cours, et point de ceps dans les champs. Les jardiniers seuls en plantent un ou deux pieds sur le bord de leurs puits ou de leurs citernes, plutôt pour se protéger contre les ardeurs du soleil que pour en tirer un revenu annuel. D'après un calcul approximatif, mais sérieux, les onze sous-préfectures qui dépendent de Ho-Kien-Fou et comptent trois millions d'habitants au moins, réputées le pays du raisin par excellence, ne sont pas capables, dans les bonnes années, d'en fournir seulement quatre-vingt mille livres » (3).

Tels sont les quelques renseignements que j'ai pu recueillir sur les vignes de la Chine. Je dois ajouter que des graines de ces diverses espèces ont été distribuées, non seulement en France, mais encore en Espagne, en Portugal, en Italie et en Autriche-Hongrie. Puissent ces essais d'acclimatation être de quelque utilité à la viticulture européenne, si éprouvée par le *Phylloxera !*

(1) Du Halde, *Description de la Chine*, t. IV, p. 148, col. 2.
(2) Province où se trouve Péking.
(3) Le P. Leboucq, *Monseigneur Edouard Dubar*, pp. 69-70.

LE CANAL MARITIME DE LA BASSE-LOIRE

Par M. FARGUES, délégué de la Société de Nantes.

Il est une question qui préoccupe vivement, à cette heure, le commerce nantais et sur laquelle je désire vous faire quelques communications qui, je l'espère, ne seront pas sans intérêt pour vous ; je veux parler du projet du creusement du canal de la Basse Loire, projet conçu depuis longtemps et qui a déjà reçu un commencement d'exécution.

On sait que les navires de grand tonnage ne remontent pas jusqu'à Nantes, arrêtés qu'ils sont par la masse considérable de sable que la Loire charrie et accumule aux environs de Paimbœuf, au point même où la marée se rencontrant avec le courant du fleuve, il s'établit une sorte de remous qui n'est que trop favorable à l'invasion et au dépôt des matières solides que l'eau tient en suspension.

Dans ces conditions, la Basse-Loire n'est presque plus navigable sur un parcours d'une vingtaine de kilomètres, et Nantes, se trouvant privée de toute communication régulière, directe et rapide avec la mer, tend à perdre tous les jours de l'importance commerciale qui l'avait jadis rendue si célèbre.

Lorsqu'il y a six à sept ans, M de Freycinet visita notre ville, il fut frappé des dangers de la situation, jugea nécessaire le creusement d'un canal maritime et promit le concours du gouvernement. Aussitôt l'on se mit à l'œuvre sous l'impulsion de la Chambre de commerce de Nantes et du Conseil général du département, et à la suite de démarches sans nombre et d'efforts persévérants, l'on put commencer les travaux.

J'ai fait dresser deux cartes de la Basse-Loire, l'une *générale* qui vous permettra d'embrasser d'un seul coup d'œil la région qui s'étend de Nantes à la mer, l'autre *particulière*, sur une grande échelle, qui vous donnera une idée assez exacte des difficultés à vaincre et de l'importance de l'entreprise.

C'est exactement au petit village de la Martinière, un peu au-dessous de Pellerus, points indiqués sur la carte, et à 16 kilomètres amont de Paimbœuf, que s'ouvre le canal. De Nantes à cet endroit, où la Loire est endiguée et présente entre ses digues, sur un parcours de 18 kilomètres, des largeurs qui varient entre 2 à 300 mètres. Dans cette section, les marées ont de faibles amplitudes, les crues y ont une influence prédominante, le dépôt des sables s'y produit assez peu, et l'on peut compter sur une profondeur minimum de 5^m,50.

C'est à la Martinière que commence le péril. Là, le lit du fleuve s'élargit progressivement, mais les nombreuses îles dont il est parsemé rendent son cours irrégulier. Les chenaux suivis par la navigation sont sinueux, mobiles et se déplacent fréquemment avec les grandes crues. Des seuils plus ou moins élevés nécessitent des dragages toujours insuffisants; ces seuils, approfondis par les dragues, tendent à se combler après chaque crue. De plus, dès qu'on veut dépasser une profondeur supérieure à 4^m,50 au-dessous des petites marées de vives eaux, la longueur des seuils à draguer augmente, et une profondeur minime courante ne peut être maintenue qu'à des conditions difficiles et onéreuses.

Se frayer, dans cette section du fleuve si encombrée et où la navigation est si pénible, un passage d'une quinzaine de kilomètres de long, ayant 75 mètres de large à la surface et 24 mètres dans le fond avec 6 mètres de profondeur, — passage soustrait à l'influence de toutes les crues et à tout péril d'ensablement, — tel est le but que se sont proposé les ingénieurs et tout particulièrement M. Joly, ingénieur en chef du service de la Basse-Loire et qui a fait les plans du canal.

Pour atteindre ce but, il faut isoler le canal du reste du fleuve, et ce sera là l'objet des deux écluses qui en formeront les extrémités, de manière à maintenir le niveau des eaux dans le canal et aussi à empêcher le sable d'y pénétrer, de telle sorte qu'il sera soustrait à toute influence du dehors.

En voici d'abord le tracé.

Il part de la Martinière où les travaux de la première écluse sont déjà assez avancés, coupe les prairies sur une longueur de 500 m., emprunte ensuite sur 3 kilomètres et demi environ le bras du Buzay ou de l'Acheneau, pénètre dans les prairies des Champs-Neufs qu'il traverse sur 2,800 mètres, entre dans le bras du Migron dans lequel il se maintient sur une longueur de 4,700 mètres, coupe ensuite les prairies comprises entre le Migron et le village de la Gruaudais sur 1,862 mètres, et rejoint la Loire dans le bras du Carriet à 600 mètres en aval de ce bras.

Reprenons maintenant la série des travaux à exécuter ou en voie d'exécution.

Un immense chantier se déploie à la Martinière. Des voies ferrées y amènent les matériaux sur tous les points. Cinq à six millions ont déjà été dépensés.

La puissante écluse de la Martinière, dont les portes auront 18 mètres de largeur, sera précédée d'un bassin d'attente qui permettra à plusieurs navires de se présenter en même temps au passage. Elle aura 170 mètres de longueur totale et sera composée de deux têtes dans lesquelles la largeur libre pour le passage des navires sera de 18 mètres, et d'un bassin de réserve pour les eaux de 100 mètres de long à 40 mètres de large. D'immenses caissons en tôle, composés de deux parties dont l'inférieure forme cloche, servent à la construction des piles dans l'eau. Nous ne pouvons songer ici à les décrire. Le système est des plus ingénieux.

En isolant ainsi le canal et le garantissant, par ses talus, contre les plus hauts niveaux de la Loire, on prive du contact du fleuve et de ses inondations fertilisantes toutes les prairies situées au sud de la Loire et sur lesquelles le fleuve, à chacune de ses crues, déposait une couche d'humus équivalent à un véritable engrais.

C'est pour leur rendre cet élément de fertilité et leur fournir les eaux d'irrigation dont elles ont besoin, que l'on a construit un second chantier, celui des *Champs-Neufs*, un énorme siphon, composé de deux tubes de 2^m,80 de diamètre intérieur et de 94 mètres de long, passant à 7 ou 8 mètres au-dessous du canal dans un terrain granitique, et assez rapprochés l'un de l'autre pour être réunis en un seul bloc de maçonnerie. Il y a sur ce point des dragues puissantes pour l'enlèvement des boues et des sables et un excavateur très curieux, l'excavateur Couvreux, du nom de son inventeur, dont les godets découpent méthodiquement une colline et en versent les terres dans les wagons, sans qu'il y ait guère besoin d'un autre travail humain que celui du machiniste qui lève ou abaisse son levier.

Le canal, ai-je dit, aboutit à l'entrée du bras dit du Petit-Carriet. Ce bras va de l'écluse qui le terminera jusqu'à Paimbœuf; il longe l'île du Petit-Carriet, qui est reliée à deux îles jadis séparées, aujourd'hui confondues, de la Maréchale et de Belle-Ile, par un passage qui préserve le bras du Carriet des altérations que subit ailleurs le régime du fleuve.

C'est là, en conséquence, que débouche le canal par une écluse d'une construction un peu différente de celle de la Martinière. A l'écluse du Carriet, chacune des deux têtes sera fondée dans un vaste caisson de 38 mètres de longueur sur 34 mètres de largeur et descendra de 16 mètres au-dessous du terre-plein de l'écluse.

Il n'entre pas dans mon plan de vous décrire d'une manière complète les travaux déjà accomplis ni ceux dont l'exécution est déjà projetée. Mon but est simplement de vous donner une idée de l'importance de l'entreprise, dont l'achèvement doit, à ce qu'assurent les intéressés, contribuer si largement à la prospérité commerciale de Nantes et du pays tout entier.

Aboutira-t-on? Voilà le point noir. On avait fait des plans fort beaux sur le papier. S'ils allaient se noyer dans le lit du fleuve avec les écluses et le canal lui-même! Six à sept millions y sont déjà engloutis. Il en faut encore près de cinquante. Où les prendre? L'Etat avait bien promis une pluie de manne dorée, il en a même laissé tomber quelques gouttes. Mais, il y a trois semaines, un bruit sourd et bientôt public se répandait dans notre ville : l'Etat se ravisait. Il ne jugeait plus l'œuvre indispensable. D'ailleurs les exigences budgétaires sont terribles. Les travaux vont être ralentis. Tout ce qu'il y a de notable à Nantes s'émeut. L'honorable et intelligent président de la Chambre de commerce, M. Babin-Chavaye, convie les représentants du département et de la ville. On fait une excursion à la Martinière, vrai pèlerinage, avec les jeûnes et les mortifications en moins, et l'on déclare qu'il est impossible que tant d'intelligence, tant d'efforts et déjà tant d'argent aient été dépensés en pure perte. On décide une visite au ministre des travaux publics. Conseillers généraux, M. de Larcinty en tête, membres de la Cham-

bre de commerce, Conseillers municipaux de droite et de gauche
sont introduits auprès du ministre. L'accueil a été des plus froids.
Point d'espérances d'obtenir de nouveaux fonds pour le moment.
Mais les Bretons sont ingénieux et entêtés ; à un tel point que je se-
rais fort surpris qu'ils ne triomphassent pas de tous les obstacles.
Ils reviendront à la charge, soyez-en sûrs, dans des circonstances
et dans des conditions meilleures. Les trois corps élus de la ville et
du département : Chambre de commerce, Conseil général, Conseil
municipal, ne reculeront devant aucun sacrifice, et nous aimons à
penser que l'Etat, mieux inspiré et plus en fonds, fera droit aux
justes réclamations qui lui seront présentées à nouveau, et rendra
possible l'achèvement d'une œuvre aussi considérable et aussi bien
entendue, et qui doit être pour Nantes et pour la région dont cette
ville est le centre la source de tant de bienfaits.

DE LA DÉPOPULATION ET DE LA STERILISATION DES CAUSSES

Par M. de Malafosse,

De la Société de Géographie de Toulouse.

Dans les six départements de la Lozère, de l'Aveyron, du Tarn-
et-Garonne, du Lot et partiellement de l'Hérault et du Gard, s'étendent de vastes plateaux calcaires appartenant aux divers étages du
terrain jurassique, et connus sous le nom de *Causses*. Ce mot étant
franchement passé dans le langage géographique, je n'ai pas, je
crois, à le définir. Il serait trop long de faire la description de ces
Causses et trop difficile de limiter exactement leurs bornes au sud
et à l'ouest, où ils viennent se fondre dans les plateaux calcaires
des terrains tertiaires auxquels on ne donne pas le même nom.
Pour nous borner, on nous permettra de n'envisager aujourd'hui
que la transformation qu'ils subissent au point de vue agricole,

économique et climatologique, transformation qui ne tend à rien moins qu'à une stérilisation d'une partie notable de la France.

Peut-être est-on porté à croire qu'il s'agit ici d'espaces peu importants. Détrompez-vous, Messieurs. Les Causses, en chiffre rond, dépassent 120,000 hectares dans la Lozère, atteignent 200,000 dans l'Aveyron, et dans le Lot et le Tarn-et-Garonne, où leur niveau inférieur ne permet pas de leur tracer des limites aussi fixes, peuvent être évaluées entre 130 et 140,000 hectares. L'Hérault et le Gard figurent là pour des chiffres moindres; mais l'ensemble dépasse 500,000 hectares, ce qui équivaut à la superficie de tout un département.

Que l'on ne s'étonne pas si dans ce Congrès, où l'on prodigue tant de sollicitude à la mise en culture de certaines terres du Sahara et à la colonisation des rives du Congo, je viens réclamer que l'on jette un coup d'œil sur le cœur de notre France, et que l'on ne laisse pas se créer un Sahara au centre même de notre patrie.

Oui, ces Causses occupant de si vastes espaces dans notre plateau central, non seulement sont l'objet d'une migration continue, comme, hélas! bien d'autres parties de nos campagnes, mais, ce qui est plus grave, sont frappés d'une stérilisation progressive qui en viendra bientôt à arrêter tout essai de colonisation ou de mise en culture dans l'avenir.

En général, devant l'abandon de l'homme, la nature reprend ses droits et crée, soit des forêts, soit des prairies naturelles, une végétation sauvage, en un mot, mais une végétation. Un auteur célèbre, parlant de l'état de notre patrie à la suite des guerres suscitées par la chute de l'Empire romain, a pu écrire : « La forêt avait reconquis la Gaule. » Hélas! ici, c'est la pierre mise à nu qui chasse la forêt comme elle chassera toute culture à venir.

Pour comprendre l'état lamentable de ces vastes espaces et l'influence climatologique que cette stérilisation apporte et surtout apportera dans des régions très étendues, il est nécessaire de jeter un regard sur les causes qui l'ont amenée pour comprendre les moyens d'y remédier.

Il est hors de doute que ces tables calcaires, aujourd'hui (en général) si nues, ont été couvertes de vastes forêts au centre desquelles, dans de larges clairières, des villages ou des fermes ont, depuis la plus haute antiquité, cultivé des céréales qui nourrissaient, dans ces régions, une population bien plus considérable que celle qui y vit de nos jours. Je crois qu'en la portant au triple on serait loin de l'exagération.

Peut-être serait-il trop long d'énumérer les preuves. Je me contenterai de renvoyer aux divers hommages ou relevés féodaux du moyen-âge, alors que sur ces Causses existaient les plus belles châtellenies dont les noms restent encore chez certaines grandes familles, quoique les manoirs n'existent plus depuis longtemps. Pour ne citer qu'un exemple, le *Causse Mejan*, type de ces sortes de plateaux, d'une altitude de plus de 1,000 mètres en moyenne, et dont la superficie de plus de 45,000 hectares ne contient aujourd'hui que *quinze cents habitants* (1), et rien que des hameaux épars, avait au xiie et au xiiie siècles, sur les sommets de ses rochers, quatorze châteaux ou châtellenies appartenant aux grandes familles des rois d'Aragon, comtes de Rodez, barons d'Anduze, comtes de Séverac, etc., levant de véritables armées parmi leurs vassaux dispersés dans ce qui est aujourd'hui une sorte de désert.

Nous retrouverions des faits analogues en remontant à l'ère romaine. Sur les plus petits Causses lozériens, n'eussent-ils que cent hectares, là où n'est plus aujourd'hui seulement, je ne dirai pas une culture, mais même un arbre poussant spontanément; partout j'ai retrouvé des fragments de briques romaines, restes d'anciennes fermes, et, remontant plus haut encore, partout j'ai retrouvé des dolmens.

C'est le déboisement qui a amené le dépeuplement de ces régions. Ces belles forêts, appartenant aux trois essences de pins, hêtres et chênes, ont laissé de nombreux témoins épars sur ces espaces dénudés. A certains endroits de vieux troncs délabrés, cinq et six fois centenaires, ayant échappé à la hache avide du paysan,

(1) Plusieurs communes ont une partie de leur territoire sur ce plateau, mais sont en majeure partie dans le fond des vallées adjacentes. Deux seulement y sont cantonnées en entier, Hures et La Parade. Or, en comparant leur population à moins de trente ans de distance, nous voyons : Hures, en 1856, 426 habitants; en 1881 (dernier recensement), 278 habitants; — La Parade, en 1856, 544 habitants; en 1881, 431 habitants. Ce sont là deux communes-types et entièrement sur le Causse.

restent seuls exposés aux vents furieux qui brisent leurs rameaux et qui, dans leur jeune âge, les atteignaient à peine lorsque la forêt environnante les couvrait de son manteau.

Ce n'est pas, en général, à des incendies et à des dévastations de guerre qu'est dû ce déboisement. L'une et l'autre de ces causes y sont pour bien peu, si l'on suit pas à pas les révélations de nos archives. La vraie cause est la même qui dévaste aujourd'hui ces terrains ; elle pourrait s'appeler *la cupidité*.

On a commencé à défricher peu à peu pour faire produire du blé. On ne s'est pas aperçu que la cognée allait trop loin, qu'elle ouvrait au vent et à la sécheresse de trop vastes espaces. Puis est venue la plus puissante des causes. Lorsqu'au xviie et xviiie siècles les possesseurs de ces belles châtellenies allèrent habiter le fastueux Versailles, ils ne revinrent guère dans ces terres isolées. Pour soutenir le train de sa maison, on vendit coupe sur coupe. Colbert, qui prévoyait ce que cela allait produire avant peu, poussa un cri d'alarme et tenta de s'opposer à cette dévastation. Ce fut en vain. On obtint des autorisations, et déjà, à la fin du siècle dernier, de vastes espaces dénudés démembraient ces vieilles forêts. Les grands biens ecclésiastiques, livrés alors à la petite culture, furent bientôt tout à fait déboisés. Puis vint cette période de guerres où le blé atteignit des prix énormes. Pour avoir du grain on ne prenait plus le temps d'arracher les vieux troncs des chênes ; on coupait et on labourait entre ces troncs.

Hélas ! Sur ces espaces situés à de grandes altitudes, lorsque les arbres furent tombés, les éléments firent rage. De véritables trombes entraînèrent la terre ameublie, qui bientôt devint trop peu profonde pour subir impunément les ardeurs de l'été. Les fontaines avaient tari et l'on cultivait encore en recueillant l'eau du ciel dans des citernes, et c'est ainsi que l'on est arrivé à la période actuelle.

Mais ici devait se présenter une autre cause de stérilisation. Sur cette terre appauvrie par des récoltes successives et (qu'on me passe le mot agricole) des lavages de la couche superficielle, les récoltes ont produit de moins en moins. Enfin est venue la crise récente des céréales pour les hauts plateaux, le *Phylloxera* pour les plateaux inférieurs, et le paysan ne voulant plus travailler une terre trop peu rémunératrice, l'a abandonnée.

Que l'on ne me taxe pas d'exagération. Je viens de parcourir avec plusieurs de nos collègues, quatre des plus grands Causses de la Lozère et de l'Aveyron, les Causses Mejan et de Sauveterre, le Larzac et le Causse Noir. Partout on voyait, de çà et de là, des champs entourés de murailles où ne poussaient que des chardons et quelques rares herbes constamment broutées par la dent des troupeaux. Des fermes, des maisons isolées dont les habitants vivaient de la culture des terres voisines, des hameaux même sont déserts. On a retiré des habitations les poutres et les ardoises du toit, choses qui dans ces régions ont toujours de la valeur, et les murs s'éboulant peu à peu restent pour attester que naguère il y avait là des habitants.

Si de ces hauteurs de 800 à 1,000 mètres où les éléments rendent le climat si rude, nous descendons à 300 mètres dans le département du Lot, que voyons-nous? Vous avez ici même un témoin. Les membres de ce Congrès ont eu à juger plus d'une centaine de monographies de communes de ce département faites par les instituteurs. Dans le plus grand nombre, on y lit des explications comme celles-ci : « Les plateaux de cette commune étaient autrefois boisés, ainsi que le dit la tradition. Les vignes ont remplacé les bois, et jusqu'à ces derniers temps ont rapporté beaucoup aux cultivateurs. Le *Phylloxera* les a aujourd'hui ravagées, et ces terres étant jugées trop pauvres pour répondre aux soins d'autres cultures, les propriétaires les ont abandonnées. Elles sont aujourd'hui stériles et sont livrées au passage des troupeaux. »

Nous avons envisagé le côté économique et agricole ; mais si nous venons maintenant à la climatologie, nous retrouvons des effets tout aussi désastreux, effets qui rayonnent bien au-delà de ces plateaux.

La pluie ou la neige tombant sur ces tables calcaires est cause d'innombrables sources sortant dans les vallées adjacentes où elles apportent la vie et la fertilité. Ce n'est pas par l'infiltration graduelle à travers des couches perméables que se créent la plupart de ces fontaines. Ici, un phénomène géologique, sur lequel il serait trop long de nous étendre, a amené une infinité de crevasses, de fissures, de failles, etc., par lesquelles l'eau reçue des pluies ou neiges sur le plateau tombe ou descend à des profondeurs atteignant quelquefois plus de 500 mètres, où des réservoirs naturels se sont créés, dans certains cas ; dans d'autres endroits, au contraire, ces eaux sont entraînées de suite par la pente dans la vallée.

On comprend toute la différence de débit qu'a amené le déboisement et qu'amène tout les jours la stérilisation et la substitution du rocher aux frondaisons épaisses des bois ou même simplement aux tiges des blés ou des fourrages. Au lieu d'un écoulement graduel plus ou moins régulier suivant les lieux, on a, après un orage ou à la suite d'une fonte des neiges un peu rapide, des irruptions désastreuses pour les vallées qui, peu de temps après l'inondation, subissent au contraire une privation d'eau ruineuse quand les fontaines tarissent.

Bien plus, on sait comme les trombes et les orages amènent des effets excessifs sur les endroits dénudés, tandis qu'ils répandent leurs eaux sur des espaces plus étendus lorsque poussés par le vent ils courent sur de grands bois.

Les Causses sont sujets à des grêles et à des trombes extraordinaires et cette situation va toujours en s'aggravant. L'hiver sur ces espaces dénudés, des *chasse-neige* semblables à ceux de la Russie rendent souvent les routes impraticables, ammassant là des fondrières énormes, tandis que plus loin la neige gelée, balayée par le vent et réduite en poudre impalpable, laisse à nu la récolte que l'on a tenté de semer et qui gèle en quelques heures.

Depuis les déboisements, le climat a tellement changé que les côteaux où peut se cultiver la vigne ont toujours été en diminuant. Il y a à peine deux siècles, sur les flancs de ces Causses, elle pouvait produire ses fruits à 800 mètres d'altitude. Aujourd'hui, dans les mêmes régions, on voit mûrir le raisin une année sur trois à moins de 600 mètres.

Mais je n'insiste pas sur ces effets. Vous les comprenez assez et regrettez assurément comme moi que le sol de notre patrie en soit le théâtre.

Le remède est tout indiqué, c'est le reboisement, et là où la croissance des arbres n'est pas *encore* possible, le gazonnement ou plutôt (pardonnez-moi ce mot barbare) *l'embuissonnement.*

Malheureusement cette reconstitution a un grand ennemi, c'est le troupeau.

Je parle ici devant une assemblée trop savante pour que j'aie besoin d'insister sur le rôle des peuples pasteurs succèdant à des peuples chasseurs ou cultivateurs.

Plus d'un désert, plus d'une lande aride, ne sont dûs qu'à une invasion pastorale, que l'on me passe le mot, plus terrible pour la végétation arborescente que la plus dévastatrice invasion belliqueuse.

Ce que les peuples pasteurs ont fait en grand, le berger du Causse le fait en petit et, chèvres ou moutons contribueront encore longtemps à la création d'un désert au centre de notre France.

Les lois sévères et protectrices de 1863 et celles qui ont suivi dans le même ordre d'idées ont bien été un palliatif, mais un palliatif bien faible.

Le service forestier est aussi intervenu avec beaucoup de zèle et déjà, plus d'une pente aride voit des bouquets touffus de conifères couvrir çà et là ses flancs naguères si nus.

Mais c'est bien peu si l'on compare la superficie du flanc des montagnes aux surfaces écumeuses des plateaux. Or, là aussi sont dans de moindres proportions, des plans plus ou moins inclinés où la terre, lavée par les trombes et les orages, est entraînée dans ces millions de crevasses découpant les Causses, où elle se perd dans des cavernes, laissant le calcaire dénudé et stérilisé.

Ici, il est évident, que les lois pour si sévères qu'elles soient ne peuvent arbitrairement forcer la génération présente à des sacrifices ruineux pour enrichir la génération à venir. Or, le revenu du troupeau est pour les propriétaires de ces Causses (surtout depuis la crise des céréales), la principale ressource. Le reboisement, pour si utile qu'il soit, vient se heurter à des droits de propriétés et à une nécessité agricole, restreinte, il est vrai, mais empêchant encore la ruine de bien des familles.

Il faudrait donc concilier un intérêt public, je dirai même un intérêt national, avec des nécessités particulières. Pour cela, des mesures législatives seront impuissantes si l'on ne sollicite pas, si l'on n'encourage pas l'initiative privée. Que l'on mette à coloniser à nouveau le cœur de notre patrie la centième partie des sommes que l'on emploie à créer des colonies à des centaines de lieues; que l'on subventionne des syndicats de reboisement; que sans secousses ou mesures trop irritantes, on incite les intérêts privés, leur venant en aide pour redonner la vie à ces steppes.

On parle avec raison d'employer des sommes énormes à des canaux agricoles, on force bien des propriétaires à créer des syndicats protecteurs contre des innondations. Ne serait-il pas aussi utile d'assurer le débit de ces canaux en faisant venir régulièrement des eaux de nos rivières, et d'arrêter beaucoup d'innondations que les Causses dénudés rendent inévitables ? Songez que trois de nos grands cours d'eau français, le Tarn, le Lot et l'Aveyron reçoivent la majeure part de leurs eaux dans leur traversée de ces régions.

L'Hérault, l'Orb et bien des rivières moindres dans le versant méditerranéen comme dans le bassin atlantique, sont aussi leurs tributaires.

Et la question climatologique, ne vaut-elle pas aussi quelques sacrifices ? Ne sait-on pas que des abaissements subits de température, bien souvent ruineux pour une immense région, que des trombes ou des orages pourraient être largement atténués sinon conjurés, et cela dans six ou huit de nos départements ?

Je crois en avoir assez dit, Messieurs, pour vous montrer le danger qui nous menace et ne fait que s'aggraver tous les jours. Il est du domaine de l'économie politique et des études agricoles d'y porter remède, et les moyens ne peuvent être développés ici en détail. Il suffit d'indiquer la voie. Les sciences géographiques sont toutefois trop intéressées à intervenir dans un changement de climat et dans une stérilisation de notre France, pour que je ne me croie pas en droit de vous demander, au moins, un vœu sur cette question.

PROJET D'UNIFICATION DES MONNAIES,

PAR M. R. ALLAIN,

Délégué de la Société d'Ethnographie.

Dans un siècle où les relations de peuple à peuple tendent à se multiplier; dans une époque fiévreuse d'activité commerciale, industrielle et scientifique où le temps est de l'argent, tout rapport de nation à nation exige la rapidité et la liberté dans les échanges, la simplification des moyens et des procédés qui permettent d'atteindre ce but.

Aussi bien le nombre énorme de lignes de douanes (sous quelques noms qu'elles existassent au moyen-âge) sont tombées pour se reporter aux confins même des nations; aussi bien qu'un immense Zollverein de postes et télégraphes a été créé au XIXᵉ siècle, au grand bénéfice de toutes les nations, de même une grande union monétaire qui permettrait, à l'instar des traités du commerce général, de rayonner sur le monde entier et de ne pas connaître de frontières, doit être proposée aux gouvernements soucieux du bien-être des peuples et soucieux de favoriser leurs intérêts.

Dans ce but, il nous a semblé qu'une pièce de monnaie-type — analogue au mètre qui est aujourd'hui adopté, comme mesure, par presque toutes les nations d'Europe et d'Amérique — pourrait, sans blesser l'amour-propre d'aucun peuple ni léser aucune race, être trouvée et frappée.

Cette pièce, qui serait indépendante de la monnaie courante de chaque Etat, supprimerait le change. En un mot, ce serait une traite ou un billet à ordre métallique.

Toutes les monnaies des Etats viendraient se rapporter à ce prototype de la monnaie et pourraient être données en son lieu et place au voyageur ou au commerçant.

Il nous semble qu'ainsi la question du monométallisme et du bimétallisme reste entière, chaque peuple continuant à se servir dans ses frontières et dans ses colonies de ses monnaies propres, mais frappant un étalon monétaire (si on peut exprimer cette pensée) qui équivaudrait à un nombre donné de pièces, soit or, soit argent, de valeur correspondante du pays où il serait échangé.

Dans ce but les gouvernements frapperaient aussi bien que leurs monnaies une pièce internationale qui aurait cours partout et qui, suivant les pays où elle serait frappée, pourrait porter en même temps que les emblèmes ou symboles de chaque nation d'un côté, un nom général de l'autre, comme un *Monde*, un *Globe*, par exemple, avec la valeur correspondante des monnaies de chaque nation. L'Autriche-Hongrie est entrée, en partie, dans cette voie en frappant une pièce d'or de 8 florins équivalant à 20 francs, pièce qui est reçue en France pour sa valeur.

A cet effet, la pièce qui nous a semblé la plus conforme à ce titre nous a paru la pièce d'or de 10 francs. Cette pièce contenterait les monométallistes, puisqu'elle serait en or et par conséquent se rapprocherait du monométallisme ; elle ne mécontenterait pas les bimétallistes, puisqu'elle laisserait subsister leurs monnaies d'argent (dans leurs pays, bien entendu) à côté de celles en or; elle s'ajouterait à la frappe des monnaies en or dans les pays qui fabriquent déjà des pièces de 10 francs, pièces qui ne sont que nationales.

Voici donc la pièce internationale en or, prototype, proposée :

Un Monde ou Globe — valeur = 10 francs.
» » 8 marks (allemands).
» » 8 shillings (anglais).
» » 4 florins (autrichiens).
» » 5 goulden (hollandais).
» » 7 krones, 51 œre (scandinaves).
» » 2 roubles 1/2 (russes).
» » 25 birgruch (turcs).
» » 10 pesetas (espagnoles).
» » 2 dollars argent (Etats-Unis).
» » 4 roupies (Indes).
» » 1800 reis, ou 20 testons du Portugal.

Un Monde ou Globe — valeur = 10 lires (italiennes).

» » 10 drachmes (grecques).

» » 10 leys (roumanes).

» » 10 dynara (serbes).

» » 4000 reis du Brésil (reis qui ne font que deux pièces de monnaie).

» » 5 écus (Malte).

» » 2 piastres (Amérique).

» » 2 soleils (Pérou) (1).

» » 2 pesos (Chili).

» » 10 markaa (Finlande).

» » 2 yen d'or (Japon).

» » 2 piastres nationales, ou une piastre provinciale des Etats de la Plata.

» » 2 patacons ou 16 réaux forts d'Argentine.

» » 1/2 pistole (Mexique).

» » 8 konan (Indo-Chine).

» » 1 taël, 250 sapèques (Chine), ou 1250 li chinois.

» » 8 krans (Perse), ou 10 yek-hazar-dinars.

» » 2 amouleh ou 2 thalers (Abyssinie).

» » 1 cantar de Tin-Bouctou.

L'unification des poids et des mesures, l'adoption peut-être prochaine d'un méridien unique et, par conséquent, d'une même heure, ont pour corollaire obligé l'unification des monnaies ; celle-ci est tout aussi urgente.

(1) Depuis la guerre du Pérou et du Chili, ces Etats, pressés par le besoin d'argent, ont changé et abaissé le titre de leurs monnaies qui n'ont plus cette valeur ; mais il faut espérer qu'après la paix, la frappe se fera au titre primitif.

Le Congrès international des poids, mesures et monnaies a mis en évidence l'utilité, la nécessité d'une pièce de monnaie admise à circuler dans un grand nombre d'Etats pour la plus grande facilité des relations et des échanges, et surtout à mesure que les chemins de fer et les télégraphes rendent ces relations plus fréquentes, habituelles, générales même.

Aujourd'hui on va à Rome ou à Saint-Pétersbourg avec moins d'embarras qu'autrefois pour aller de Rome à Naples ou de Paris à Trieste.

Les agriculteurs, les commerçants, les industriels de l'Europe trafiquent avec l'Amérique, l'Asie, le centre de l'Afrique elle-même ; les pâtes d'Italie se consomment, se fabriquent à Paris ; les mosaïques de Venise enrichissent les pagodes de Siam ; les produits manufacturés de l'Angleterre de même trouvent des acheteurs partout.

On éprouve donc en tous pays civilisés le besoin d'avoir une monnaie qui passe partout et serve à tous. Cette question sera reprise, le 24 octobre prochain, à Paris, par la conférence internationale monétaire sur la dénonciation par la Suisse de l'Union latine.

L'union monétaire établie entre la Belgique, l'Italie, la France, la Suisse et la Grèce avait été conçue dans ce but, mais elle n'a pas trouvé d'adhérents parmi les autres nations, surtout parmi les nations d'origine saxonne en majorité qui ont l'étalon unique, et elle a, peut-être, embarassé le progrès.

Cette convention au lieu donc de servir le progrès et de se généraliser davantage, n'a pas eu le succès qu'on s'en promettait ; elle a gêné les Etats qui l'avaient conclue.

Cela ne se serait pas produit si on avait plutôt à donner un caractère international à une pièce unique, comme par exemple à la pièce d'or de dix francs.

Cela n'aurait pas empêché du reste que chaque pays fît ses affaires intérieures avec ses monnaies courantes ou avec de pièces d'argent plus ou moins concordantes avec la pièce d'or internationale.

Qu'a-t-on besoin, en effet, de rendre internationales toutes les monnaies et surtout la même monnaie ?

Quel est donc le but principal d'une monnaie internationale, si ce n'est de permettre d'indiquer le prix des choses et de faire les comptes d'une manière uniforme, comme de permettre de payer en un pays étranger, avec une monnaie qu'on a dans son pays et qui n'a pas besoin d'être coûteusement convertie par un changeur ?

Ainsi a fait l'Autriche, qui a frappé une pièce de 4 florins d'or valant exactement dix francs, ce qui ne l'a pas empêchée de conserver chez elle ses divers florins d'argent et ses monnaies subsidiaires à bas titre, et ce qui a eu l'avantage de faire admettre cette nouvelle pièce dans plusieurs Etats, quoique non liés par une convention monétaire. Ainsi a fait un moment la Suède et la Norvège en frappant des carolins d'or de dix francs, conformes en poids, titre et valeur à la pièce de dix francs.

C'est là, il me semble, le vrai et l'unique moyen de former une union monétaire utile, qui ne blesse pas l'amour-propre des nations plus ou moins entichées de leurs monnaies et de leurs étalons. Dans cette voie l'union pourrait s'étendre rapidement et être adoptée sans doute même par la rétive Angleterre qui, quoique avec l'étalon d'or chez elle, ne connaît que la monnaie d'argent, c'est-à-dire la roupie, aux Indes !

Dans ce système aucune nation ne serait obligée de refondre sa monnaie, ni l'Allemagne ses marcs, ni les Etats-Unis leurs dollars, ni l'égoïste Angleterre ses livres sterlings !

Dès lors les nations à étalon unique avant de conclure l'union monétaire ne diraient plus : « Adoptez d'abord l'étalon unique d'or et nous concluerons après. » En effet, le système proposé ici ne peut gêner les bimétallistes ni même les monométallistes ; au contraire, il a l'avantage même de créer une illusion dans la théorie et dans la pratique, de donner une satisfaction aux partisans de l'étalon unique en or.

Le plus grand inconvénient de l'union monétaire latine conclue en 1865 est dans l'absence de signe pour les pièces admises à la circulation internationale, qui empêche au public de les reconnaître ; les Toulousains surtout m'ont appris à m'en apercevoir.

Aussi le public est-il désorienté devant les pièces étrangères et multiples dont les unes passent parce qu'elles sont dans l'union, et dont les autres ne passent pas, parce qu'elles n'y sont pas encore, quoique de même valeur, poids et titre.

Telles sont les pièces italiennes et espagnoles et les pièces du Chili (1), du Pérou, de Roumanie, de Serbie.

Aussi je fais le vœu que le Congrès de géographie de Toulouse veuille demander à la Conférence internationale monétaire l'adoption par les Gouvernements d'une pièce internationale unique, de la valeur de la pièce de dix francs, pièce indépendante des monnaies courantes de chaque pays.

Cette pièce d'or de la valeur de dix francs ou lires, appelée, si on veut, un *Monde* ou un *Globe* d'or, destinée et admise à la circulation internationale, porterait sur une de ses faces l'effigie du gouvernement qui la ferait frapper, et sur l'autre le signe international, (choisi en dehors de tous les signes adoptés par les Etats), d'un globe terrestre ; ce signe serait entouré, en la langue du pays qui l'aurait fait frapper, des noms et de la valeur de la pièce ; dans les principaux pays ces indications seraient liées par le signe mathématique égal comme suit : 1 globe d'or = 10 lires ou francs = 4 florins = 8 marks = 8 shillings = 2 dollards (argent) = 2 peso = 2 roubles 1/2 = 4 roupies.

Par conséquent, dans chaque pays, ce globe d'or deviendrait la base du système monétaire, la pièce-reine, car elle est commode, d'une valeur bien appropriée aux besoins généraux de la vie domestique, assez grosse pour le maniement, et satisfaisant bien à toutes les conditions d'une pièce courante.

Cette pièce a, du reste, été recommandée par l'économiste suédois Wallenberg, par l'économiste Michel Chevalier, par Cernuschi, par un économiste anglais même, M. Lévi, de Londres.

Enfin cette pièce met à couvert l'amour propre des nations, car en l'acceptant aucune de celles-ci n'emboîtera le pas derrière une rivale, et n'est-ce pas quelque chose ?

Cependant, s'il m'était permis de formuler encore un vœu, je dirais que la pièce *idéale*, à mes yeux, serait une pièce en alliage d'or et d'argent de la valeur de 5 francs, pour cela il faudrait, et c'est facile, que le Congrès international monétaire et après lui les Gouvernements statuassent sur le terme de parité inflexible des deux métaux à allier, or et argent.

(1) Depuis la guerre, ce n'est plus exact pour les pièces du Pérou et du Chili.

Une fois admis cette base et ce principe, pourquoi ne pas fabriquer la pièce de vermeil (formée d'or et d'agent) ? ne semble-t-elle pas aussi pratique, une pièce idéale, remplissant les conditions d'une monnaie, non seulement pour la frappe, mais encore pour les échanges.

En effet, qu'est-ce qu'une monnaie si non un instrument qui dans les échanges sert de mesure et par lui-même est un équivalent ? et quelles sont les conditions que doit remplir la matière choisie pour cet instrument, si ce n'est huit conditions importantes et nécessaires, absolues et *sine qua non*, mais suffisantes ?

1° La monnaie doit être une marchandise, c'est-à-dire une chose utile par elle-même.

Or, l'alliage d'or et d'argent est utile ; c'est une marchandise (cet alliage est notoirement employé dans l'industrie), et puis la facilité que l'on aurait de séparer les deux métaux permettrait de donner à chacun des métaux séparés son utilisation industrielle ordinaire.

2° Elle doit être inaltérable.

La monnaie ainsi fabriquée le serait.

3° Elle doit être parfaitement homogène.

4° Elle doit être susceptible d'une analyse facile.

L'homogénéité existerait, car les deux métaux la possèdent et l'alliage n'altérant ni l'un ni l'autre, l'aurait aussi.

L'analyse est facile par la formation de chlorures d'or ou d'argent ou autrement.

5° Elle doit être indéfiniment divisible.

Elle le serait, pour ainsi dire.

6° Elle doit avoir une valeur très grande par rapport à son poids et à son volume.

Il en serait ainsi.

Cette pièce pesant plus lourd que l'or et moins lourd que l'argent passerait *ad valorem*, lors du transport, c'est-à-dire au même prix qu'un lingot de l'un ou l'autre métal et qu'une liasse de billets de banque ou d'autres titres au porteur d'une valeur égale.

7° Elle doit pouvoir recevoir et conserver indéfiniment une empreinte délicate.

Cette condition serait remplie exactement.

8° Enfin elle doit être, si faire se peut, à l'abri des changements de valeur.

Sur cette dernière condition, cette monnaie aurait une supériorité considérable sur les autres, car une fois le terme de parité inflexible des deux métaux à allier fixé, ici se sera c et c' la formule de cette monnaie sera toujours $A^c + O^{c'} = D$.

L'or et l'argent servant simultanément à la confection de la monnaie, celle-ci gardant sa valeur de convention immuable, ce que perdra A (c'est-à-dire l'argent), O (c'est-à-dire l'or) le gagnera, et réciproquement ; donc la valeur totale, c'est-à-dire D, sera toujours la même.

Ainsi donc ces huit conditions existent exactement et notre monnaie ne pèche par aucun côté.

Or quand on prend l'or et l'argent séparément, on voit que ces deux métaux ne remplissent pas actuellement toutes ces conditions et pèchent par quelque côté défectueux ; l'alliage seul d'or et d'argent corrige ces défauts et conserve les vertus de ces deux métaux.

Ainsi l'or ne répond pas à toutes les exigences de la monnaie, car il pèche par le paragraphe 5 (Il n'est pas indéfiniment divisible).

L'argent à son tour ne satisfait pas à toutes les conditions requises, car il pèche par les paragraphes 6 et 7, en ne remplissant pas ces deux conditions.

L'alliage d'or et d'argent seul efface les imperfections citées aux numéros 5, 6 et 7.

Cette pièce aurait aussi l'avantage d'avoir un volume supérieur à la pièce de cinq francs de France en or et inférieur à celui de la pièce de cinq francs en argent. Puisse l'essai de cet alliage qu'on a frappé, un moment, à Paris, à titre d'essai, servir d'argument en faveur de cette monnaie et démontrer pleinement son utilité pratique, sa perfection même et sa supériorité sur toute autre monnaie !

Enfin, cet alliage satisferait évidemment les bimétallistes, puisqu'il serait à doubles métaux, et comme il formerait une pièce *unique* il ne pourrait s'aliéner les monoétallonistes, si je puis parler de la sorte !

LA PERCÉE CENTRALE DES ALPES PAR LE GRAND SAINT-BERNARD

PAR M. LE BARON DE VAUTHELERET

Après Suez est venu Panama ; après le Mont Cenis, le Gothard, et aujourd'hui la question à l'ordre du jour est celle d'une nouvelle percée des Alpes.

Oh ! nous savons qu'il ne manque pas d'esprits timides et étroits que, vient la nécessité d'un nouveau passage, prétendent, qu'après le Gothard et le Mont Cenis, ce serait une superfétation, et reculent devant les plus grands sacrifices.

Faut-il leur rappeler tout d'abord que plus il y a des moyens de locomotion, plus il y a de voyageurs ; que pour les lacs suisses, par exemple, les chemins de fer établis sur leurs rives ont fait quadrupler le nombre des bateaux à vapeur qui suivent une ligne absolument parallèle, et qu'aujourd'hui le cap de Bonne-Espérance ne voit pas moins des navires qu'avant l'ouverture du Canal de Suez ?

C'est là une loi générale, une loi du progrès qui ne s'arrête jamais et qui ne cesse de faciliter les relations de peuple à peuple, d'augmenter les échanges, et d'élaborer de nouveaux projets en vue de l'utilité publique et de la civilisation.

Mais dans la question qui nous occupe il y a un motif actuel, puissant, urgent même pour créer un nouveau passage à travers les Alpes, car il ne s'agit de rien moins que de sauvegarder les intérêts du Commerce français fortement compromis depuis l'ouverture du Gothard.

Il importe, en effet, que nous ne nous laissions pas tourner commercialement par cette voie toute allemande et que nous arrêtions le plus tôt possible le grand courant du nord-ouest de l'Europe au sud-est et à l'Orient qui tend à s'établir définitivement en dehors de notre réseau.

Le percement du Saint-Gothard ouvre la route de l'Italie et le port de Gênes aux produits allemands, belges et anglais. L'Allemagne s'est ainsi créé un débouché sur la Méditerranée et une route directe vers les Indes et l'Extrême-Orient par l'Adriatique.

Ce passage a donc pour effet d'isoler la France au point de vue commercial et industriel.

Voilà, Messieurs, ce qu'il s'agit d'éviter à tout prix en ouvrant un nouveau passage vraiment français, plus central que celui du Mont Cenis, et pénétrant mieux que ce dernier au cœur même du réseau italien !

A cet effet, trois projets de chemins de fer transalpins sont en présence : le percement du Simplon dont le tunel n'aurait pas moins de 20 kilomètres de longueur ; celui du Mont Blanc avec un tunel de 19,220 mètres, et enfin celui du Grand Saint-Bernard qui n'exigerait qu'une percée de 9 kilomètres 485 mètres.

On comprend déjà que cet avantage suffise pour donner à ce dernier projet une grande supériorité sur ses rivaux ; mais bien d'autre raisons militent en sa faveur.

Et d'abord il suffit de jeter les yeux sur une carte pour reconnaître que la voie du Grand Saint-Bernard serait la plus courte entre Calais et Brindisi, tandis que celle du Simplon, trop éloignée de nos frontières, irait se confondre avec le Saint-Gothard, et celle du Mont Blanc avec le Mont Cenis.

Le Saint-Bernard, placé à égale distance du Gothard et du Mont Cenis remplit seul la condition de position centrale qui est l'objectif d'une nouvelle percée.

Ce n'est pas vainement que l'histoire nous indique le Grand Saint-Bernard comme la route forcée et logique de toutes les émigrations importantes des peuples, et de leurs invasions dans les deux sens. Tantôt ce sont les Carthaginois qui le traversent sous la conduite d'Annibal, tantôt ce sont les hordes germaines et bourguignones qui vont envahir l'Italie, tantôt enfin les Romains qui, à leur tour, se jettent à travers le Saint-Bernard sur la Germanie ou sur les Gaules.

Charlemagne et Napoléon en ont fait leur route stratégique, et le génie moderne n'a rien de mieux à imaginer que de les imiter, mais cette fois, en supprimant le gigantesque obstacle opposé à la circulation internationale.

Ces souvenirs historiques justifient, comme on le voit, le choix qui a été fait du Saint-Bernard pour la nouvelle percée projetée, comme il l'avait été à toutes les époques par les peuples du Nord et du Midi pour se rendre en Italie. Il en a été de même des chemins de fer qui, partout, côtoient une route carossable, laquelle elle-même remplaçait les sentiers fréquentés jadis par les piétons ou les cavaliers.

L'idée de la traversée traditionnelle du Grand Saint-Bernard se présente donc comme la plus logique de toutes.

De plus, au point de vue de premier établissement, la comparaison entre cette entreprise et les deux autres est écrasante.

Nous avons vu que le tunel du Simplon de 20 kilomètres serait le plus long qu'on aurait tenté jusqu'à ce jour ; son coût probable n'atteindrait pas moins de 140 millions. Celui du Mont Blanc, de 19 kilomètres 220 mètres exigerait une dépense supérieure encore, car elle se monterait à 180 millions, sans compter les difficultés du tracé, à la côte de 1,200 mètres, en plein régime des glaciers.

Enfin, en vue des transactions avec l'Europe centrale, le Brenner est trop à l'est, le Mont Cenis trop à l'Ouest, et le Gothard trop rapproché du Brenner.

Quant au Saint-Bernard, dont la situation est la plus centrale, le devis estimatif de la dépense ne serait que de 86 millions pour un parcours de 138 kilomètres 600 mètres, longueur de la ligne entre Martigny (Suisse) et Aoste (Italie).

Mais il est une autre espèce de considérations qui militent en faveur du Grand Saint-Bernard et de son tunnel.

L'expérience du Mont Cenis et du Gothard nous a révélé les dangers que présentent les trops longs tunnels. Les accidents et les cas d'asphyxie par manque d'aération, et malgré l'existence d'appareils qui ne sauraient fonctionner parfaitement dans les tunnels de cette longueur, sont trop fréquents. Or, si l'on a pu les constater au Mont Cenis dont le tunnel n'a que 12 kilomètres 240 mètres et au Gothard dont la longueur est de 14 kilomètres 900 mètres quel sera le nombre des accidents qui pourront survenir au

10

Mont Blanc et au Simplon, avec des tunnels de 19 et de 20 kilomètres ?

Cette question des températures souterraines est un des points humanitaires les plus importants et qu'il faut bien se garder de négliger.

Au tunnel du Gothard, les phénomènes morbides ont été si sensibles que les statistiques constatent 60 0/0 d'ouvriers malades soit de l'anémie des mineurs, soit du ver intestinal, connu sous le nom de *Ankislostôme duodénal*. Aujourd'hui, après deux années d'exercice, il y a encore des hopitaux pleins de ces malades.

Une objection qu'on n'a pas manqué de faire au projet du Saint-Bernard, mais que nous allons réduire à de justes proportions, consiste dans l'altitude du tracé, le tunnel étant à la cote 1620 mètres, tandis que le Simplon marque 700 mètres.

Évidemment, sous ce rapport, le tunnel du Simplon se trouve dans les meilleures conditions possibles et les partisans de ce passage ne sauraient trop s'attacher à monter ce beau cheval de bataille.

L'argument s'impose de lui-même, mais en y regardant de plus près, il perd singulièrement de son importance. En tout cas, il n'est pas à comparer avec celui de la longueur vraiment malheureuse du tunnel du Simplon.

Puis demandons un peu aux Ingénieurs et aux hommes spéciaux ce qu'ils entendent par ces termes *Tracé haut* ou *Tracé bas*.

Ne faut-il pas tenir compte de la topographie et de la latitude des lieux, ainsi que de leurs conditions climatériques.

Du moment que l'ascension ne dépasse pas un régime atmosphérique raisonnable, et que d'ailleurs les travaux de la ligne sont mis à l'abri des tourmentes et des avalanches par des ouvrages de défense tels que : galeries couvertes, écrans ou paraneiges etc., une traversée telle que celle du Saint-Bernard peut s'effectuer sans danger.

Il suffit d'ailleurs de citer quelques exemples de courbes, de rampes ou de déclivités analogues ou supérieures à celles du Saint-Bernard pour anéantir les objections opposées à cette ligne.

Aoste étant à 600 mètres d'altitude, la rampe nécessaire pour arriver à l'entrée sud du souterrain sera de 15 à 22 millimètres au maximum.

Or, il existe en Europe même de nombreux exemples de rampes plus fortes.

Ainsi, le Soemmering présente des déclivités de 24 à 25 sur 33 kilomètres ; le Brenner, 23 à 25 sur 89 kilomètres ; le Gothard, 25 à 26 sur 87 kilomètres ; le Mont Cenis, 23 à 30 sur 68 kilomètres ; l'Alberg, 24 à 30 sur 40 kilomètres ; Morteau, 20 à 30 sur 60 kilomètres.

Quant à notre projet, il n'atteint pas $0^m,023$ comme déclivités et ses moindres rayons sont de 450 mètres, ce qui assure le transit des grosses marchandises.

Le tracé comporte 279 courbes et 279 alignements.

En dehors du grand tunnel de faîte, d'une longueur de 9 kilomètres 485 mètres, la ligne comporte 56 tunnels d'une longueur totale de 27 kilomètres 115 mètres, mais d'une exécution facile.

Sept viaducs sont de 75 à 290 mètres de longueur, et de 22 à 29 mètres de hauteur.

Les autres ouvrages d'art, ponte, passages etc., sont au nombre de 407.

Enfin, les galeries couvertes sont prévues sur une longueur de 15 kilomètres dont 9 kilomètres sur la partie suisse et 6 sur la partie italienne.

Quant à la question thermique, nos études démontrent que les températures ne dépassent jamais 22° 5, tandis que, ainsi que nous l'avons vu plus haut, elles atteindraient au Simplon 30 à 36° sur 13 kilomètres, et au Mont Blanc, les chiffres énormes de 30°, 46° et 53° sur 8 kilomètres ?

Or, chacun sait que les températures qui atteignent 29° sont reconnues dangereuses. Au Gothard, où elles n'ont atteint que 30°, et encore sur 3 kilomètres, 60 0/0 des ouvriers tombèrent malades, et l'on dut abaisser les journées de travail de 7 heures à 5 heures, et encore un jour l'un, tout en augmentant les salaires de 25 0/0.

Outre les avantages que nous venons de signaler en faveur du Grand Saint-Bernard nous ferons remarquer qu'ici la question financière est singulièrement améliorée par la nature même du tracé et que rarement des conditions plus favorables se sont trouvées réunies sur une ligne en construction.

Ainsi, les terrains sont bons et solides et fournissent sur place les matériaux propres à construire ; on y trouve le calcaire brut et métamorphique, un grès schisteux excellent pour les moëllons qui doivent servir aux murs de soutènement, des alluvions solides, un tuf compacte, schisteux et dur, et enfin des affleurements d'anthracite et des blocs erratiques de serpentine ainsi que le grenat des Alpes.

Pour les constructions et travaux d'art on trouve, à Sembrancher, une chaux excellente et de très bons moëllons ; à Vollège, du plâtre en abondance ; à Etien, à Chamoille et à Repaz un tuf pouvant remplacer avantageusement la brique pour les constructions légères ; à Orsières, le plâtre et la chaux se retrouvent en abondance.

Le calcaire existe partout et même le calcaire hydraulique, comme à Gignod, par exemple, où les chaux ont la même renommée que celles du Theil.

Citons encore de grands bois de sapins et de mélèzes pouvant s'utiliser pour toute espèce de constructions, et les masses d'anthracite que l'on emploiera comme combustible.

En outre les routes qui aboutissent au sommet sont d'un grand secours pour les transports et la marche rapide des travaux.

La supériorité de la ligne du Grand Saint-Bernard sur celles du Simplon et du Mont Blanc paraîtra suffisamment démontrée, mais ce qui doit définitivement faire pencher la balance en sa faveur c'est qu'elle se relie forcément à une autre ligne en voie d'exécution, celle de Cuneo à Ventimiglia, par le Col de Tende.

Depuis 1869, j'avais démontré l'importance qu'aurait une ligne directe de l'Est à l'Ouest qui traverserait les voies ferrées italiennes, rejoindrait celles de la Suisse et de la France en comptant la vallée d'Aoste et le Saint-Bernard, et se relierait directement au sud-est de la France par une nouvelle traversée des Alpes au Col de Tende à la gare internationale de Ventimiglia sur la Méditérranée.

De tels travaux ne peuvent se faire sans subventions, quoique l'on en dise ; tandis que pour le Simplon, la France serait appelée à donner une subvention de 55 millions, et pour le Mont Blanc de

120 millions ; le Grand Saint-Bernard ne demanderait que 25 millions en 10 annuités de 2,500,000 fr. chacune.

N'oublions pas que cette ligne peut compter sur la coopération de la Suisse et de l'Italie, ce dernier pays prenant à sa charge une grosse partie de la subvention nécessaire.

Quant à la Suisse qui possède 57 kilomètres de la voie projetée sur son territoire, elle se trouve tout naturellement amenée à subventionner une ligne qui ne peut que lui rapporter de grands bénéfices.

Enfin, au point de vue politique, le tracé du Grand Saint-Bernard est situé en partie dans une zone dont la neutralité est garantie par des traités. Ainsi se trouve détruite l'objection opposée *in extremis* à notre prétendant que le souterrain de faîte n'est pas sur le territoire français.

Mais le Saint-Gothard ne se trouve pas davantage situé sur le territoire allemand, et cependant l'Allemagne n'a pas hésité à engager ses capitaux dans l'exécution de l'entreprise. Cette puissance envisageait même cette circonstance *d'exterritorialité* comme un avantage à cause de la neutralité suisse garantie par les traités dans les mêmes conditions que la partie de la Savoie (Chablais et Faucigny) qui avoisine la voie du Saint-Bernard.

Ainsi donc cette ligne, patronnée en Italie, en Angleterre, en France et en Suisse par les personnages les plus puissants et les plus clairvoyants, ne peut manquer d'en arriver à la plus prompte exécution : parce qu'elle est la plus conforme aux intérêts économiques, militaires et politiques de la France, qu'elle est la moins coûteuse, la plus promptement construite, la plus rapide au point de vue des échanges du nord-ouest de l'Europe avec l'Orient ; qu'elle assure le service de la Malle des Indes, et enfin, ce qui prime tout, qu'elle est la plus française dans toute l'acception patriotique du mot.

Aussi, malgré les critiques intéressées, les ambitions opposées, les hésitations et les jalousies, conservons, nous, non seulement l'espérance, mais encore la certitude du succès.

Les Zoïbes ne sont pas morts, il est vrai, et le *servum pecus* d'Horace suit toujours les pacages de la contradiction et de la routine.

Mais quoi ! ouvrir des voies de communication, faciliter les transactions, en créer de nouvelles, satisfaire aux besoins toujours croissants de la civilisation, de la science, du commerce et de l'industrie serait œuvre inutile et insensée !

Mais ces incorrigibles détracteurs ne sont-ce pas les mêmes qui se sont opposés à tous les progrès, qui traitaient d'utopies le Canal de Suez, le télégraphe sous-marin, le mont Cenis, tandis qu'aujourd'hui ces œuvres grandioses, dûes à la persévérance d'hommes à larges vues, sont à l'état de faits accomplis et témoignent de la prodigieuse révolution qui a eu lieu depuis quelques années dans le monde et de la nécessité de la poursuivre.

Aucune catastrophe ne peut éteindre le génie français. Depuis les fils de Clovis, il y a toujours des esprits mal équilibrés qui partent de notre décadence, mais tandis que le génie français porte le flambeau de la civilisation sur les rivages du Pacifique en ouvrant l'isthme de Panama, il se laisserait tourner et battre en Europe par 'le Gothard, par l'Allemagne ! Non, Messieurs, il ne le faut pas ! Vous ne le voulez pas ! et vous nous aiderez à l'empêcher !

L'ÉMIGRATION

PAR M. JOHN LE LONG.

MÉMOIRE LU PAR M. DRAPEYRON

MESSIEURS,

Les réunions comme la vôtre forment entre elles, à mon sens, la chaîne des connaissances utiles, avec la mission d'y ajouter chacune leur anneau. Il y a donc une transmission nécessaire des idées émises dans d'autres Congrès à ceux qui leur succèdent, pour les en faire sortir avec une sanction mieux assise. C'est dans ces vues que je vous demande la permission de me rattacher au Congrès tenu à Douai, en août 1883, pour vous entretenir de propositions qui y ont reçu, sur mon initiative, une adhésion de principe.

Le sujet traité devant cette assemblée concernait l'émigration, question à l'ordre du jour, par suite de nos grèves industrielles, indice d'un trop plein de producteurs et aussi par suite du ralentissement de notre commerce extérieur, dont les émigrants sont les véritables pionniers.

L'émigration étant reconnue comme réagissant dans ces deux cas et aussi comme un agent favorable à l'accroissement de la population nationale, ainsi que le prouve l'exemple des peuples qui émigrent le plus, il paraissait naturel de signaler et de conseiller les mesures les plus propres à l'encourager.

Je les ai indiquées dans les trois propositions que je résume ainsi :

1° Immunités de services militaires en faveur des jeunes émigrants ;

2° Allocation de subsides à l'émigration ;

3° Création de comités de renseignements gratuits, au sein des Sociétés de Géographie commerciale.

Félicitons-nous, tout d'abord, de compter parmi nos plus intelligents auxiliaires, dans la première question, la chambre de commerce de Toulouse, laquelle, au mois de mai dernier, « chargeait ses délégués auprès des pouvoirs publics, de solliciter l'exemption complète du service militaire en faveur des Français établis à l'étranger, dans des conditions déterminées. » La parole, en cette matière, appartenait bien au chef-lieu de la région qui fournit, de longue date, le plus d'émigrants français. Reconnaissons, à sa louange, qu'elle a compris la mesure réclamée dans sa plus juste application ; car tandis que plusieurs organes autorisés se sont bornés à réclamer l'exemption militaire pour les émigrants dans nos propres colonies, la chambre de commerce l'a revendiquée pour tous les colons à l'étranger. N'est-ce pas, en effet, envisager l'emigration sous son véritable aspect utilitaire, du côté de notre commerce extérieur ?

À ce propos, peut-on s'empêcher de ne pas regretter que la France, au lieu de prodiguer ses hommes et ses millions pour la conquête de nouveaux territoires coloniaux, ne dirige pas, au contraire, partie des uns et des autres vers des terres immenses connues et ouvertes à toutes les spéculations. Trop d'exemples nous montrent que si nous devenons maîtres du sol, nous laissons la porte ouverte à des concurrences commerciales qui s'emparent vite des affaires à notre détriment. Ne soyons donc pas conquérants sans fortifier tous les ressorts de la concurrence par la haute éducation commerciale et par la liberté de l'émigration, pour lesquelles le régime militaire serait une entrave.

L'Allemagne elle-même, où domine le militarisme, nous donne l'exemple de ces exemptions, et « pour formuler nos vœux, sous ce rapport, d'une manière pratique, nous demanderions que l'exemption fût accordée devant un engagement d'une certaine durée à l'étranger, avec ou sans paiement d'une taxe de rachat, motivée sur le rapport du consul de France résidant dans la contrée étrangère. » Nous ajouterons enfin que si la loi française était inexorable pour nos compatriotes à l'étranger, ce serait souvent les obliger à renoncer à leur nationalité et priver le pays du bénéfice de leur fortune, acquise par l'émigration.

La seconde proposition, relative à l'allocation de subsides aux émigrants, qui a une application constante en Angleterre et en Hollande surtout, semble devoir rencontrer une objection péremptoire dans la difficulté de créer un budget d'émigration, en présence de l'état actuel de nos finances. Toutefois, si l'on considère que l'émigration, en remédiant au chômage manifesté par les grèves industrielles, devient un moyen d'assainissement social; si l'on accorde aussi à l'émigration d'être un réactif contre le ralentissement de notre commerce extérieur, on trouvera qu'il serait naturel et logique de demander aux amendes de police et de douane les fonds nécessaires pour constituer une caisse de secours en faveur des émigrants. Nul doute que le caractère de bienfaisance, de paix intérieure, de propagation industrielle d'une telle institution ne lui méritât promptement les dons et legs qui font prospérer chaque jour les œuvres d'assistance.

Grâce à cette fondation, l'Etat pourrait favoriser l'adoption ou le placement, chez nos nationaux à l'étranger, de nombreux enfants orphelins ou abandonnés.

A cette forme de subvention, le Gouvernement pourrait ajouter certain nombre de passages gratuits ou réduits à imposer aux Compagnies maritimes ou subventionnées et dont les contrats sont à renouveler.

La France pourrait ainsi obtenir de nouveaux et importants résultats, en fait d'émigration, sans grands sacrifices.

La troisième proposition, la création de comités de renseignements gratuits au sein des Sociétés géographiques, se recommande tout d'abord par la confiance que doit inspirer le caractère honorable et désintéressé, ainsi que la compétence des informateurs.

Peut-on mieux comprendre l'émigration dans son essence et dans son but, qu'en aidant au choix de l'émigrant pour sa destination territoriale et ses entreprises. Il n'est pas toujours sage de chercher la solution de ce problème dans les livres. Aussi engageons-nous les membres de ces comités à recommander les pays qu'ils ont explorés eux-mêmes; c'est la règle que je me suis imposée, en préconisant presque exclusivement l'émigration française dans les quatorze provinces de la République Argentine, dont l'immense superficie contient tous les climats d'Europe, avec leur salubrité.

Après cet exposé, nous concluons en soumettant à votre approbation, Messieurs, la formule pratique des trois résolutions acceptées, en principe, au Congrès de Douai, savoir :

1° Le rachat du service militaire pour tout colon en pays étranger pour une durée importante; paiement total ou partiel du rachat, selon les facultés de l'émigré, ou même exemption complète suivant le rapport du consul français résidant dans la même contrée; aux colonies françaises, incorporation de l'émigrant dans les troupes qui y résident, pour se libérer du service sans déplacement.

2° Création d'une caisse de subsides pour les émigrants, dotée par les amendes de police et de douane, et autorisée à recevoir des dons et legs, comme établissement d'utilité publique (1).

3° Formation de comités de renseignements gratuits au sein des Sociétés de Géographie commerciale, pour les informations et les conseils à donner aux émigrants sur le choix des contrées propices à la colonisation et sur le choix des entreprises à y fonder (Salves d'applaudissements).

(1) L'auteur de ce Mémoire appelle la sérieuse attention des membres du Congrès sur l'idée de subventionner une caisse publique, à créer pour favoriser l'émigration, au moyen de l'abandon, en tout ou partie, des amendes de police et de douanes. On peut estimer que ces amendes sont perdues aux trois quarts par les remises sollicitées par les notabilités électives, politiques ou départementales. En 1883, le ministre des finances a lui-même expliqué, devant le Parlement, la diminution considérable de cette branche de produit du trésor; mais il n'en serait plus de même si le Gouvernement abandonnait la dévolution de ses droits à une caisse particulière, laquelle aurait à défendre ses intérêts propres, surtout pour une cause dont on reconnaît à présent la nécessité pour le développement de notre commerce à l'extérieur. L'on peut assurer que la somme qui, en cette matière, ne profite pas à l'Etat fournirait une riche dotation à la caisse de l'émigration.

LES RELIEFS DU SOL

ET LEURS

RAPPORTS AVEC LES CASSURES DES ROCHES STRATIFIÉES

PAR M. JULES GIRARD.

Les soulèvements du sol paraissent avoir été soumis à des lois géométriques dont les principaux traits, encore mal déterminés, ont cependant une relation avec les grandes lignes du modelé du terrain.

L'écorce terrestre se comporte comme si elle avait été soumise à de fortes pressions, dans le sens vertical d'abord, et ensuite dans des sens divers. Il en résulte que le modelé du sol, dans certaines régions, semble avoir été froissé par des poussées contrariées tendant à la disloquer.

Avec le refroidissement de l'écorce terrestre, il s'est produit un retrait superficiel, ingénieusement comparé d'après les expériences de M. Daubrée, au ridement qui survient à la surface d'un ballon en caoutchouc contracté par la déperdition de l'air. En examinant cette surface ratatinée, on ne distingue au premier abord aucune loi de régularité, parce que le caoutchouc cède également à toutes les pressions. Mais si on applique un revêtement gommeux et résistant, cet endroit n'ayant pas les mêmes propriétés, obéit à la contraction ; il survient des rides de toutes parts. En colorant l'enduit, l'expression est rendue plus sensible ; il se forme des protubérances entrecoupées de rides présentant des caractères méthodiques ; elles tendent à se placer normalement aux courbes de l'endroit ; elles restent même parallèles. Si l'on applique la matière plastique suivant un fuseau de méridien, les rides se dirigent suivant les parallèles ; il se produit ainsi des centres de contraction où viennent rayonner les rides.

Cette expérience donne une idée approximative de la formation du modèle du terrain, qu'elle représente comme une conséquence du plissement, par suite de soulèvement dans les sens les plus variés.

L'inspection d'un grand nombre de profils semble indiquer que quand un mouvement de contraction ne s'est pas résolu en crevasse, l'écorce a été obligée de céder, au moment du refroidissement de la masse intérieure encore incandescente. Il se forme ainsi des bourrelets et rides, offrant l'aspect d'un refoulement horizontal, comme le serait celui d'une voûte cédant à la pression.

Les fractures de la surface de la terre sont innombrables depuis les veines des minéraux, jusqu'aux grandes anfractuosités qui séparent les continents sont remplies par les mers. On peut cependant diviser les fractures en plusieurs catégories : les *fissures* qui ont pour caractères l'établissement dans les masses déjà limitées par les points d'injection ; parfois elles sont restreintes à une même masse ; parfois la même fissure se propage dans un grand nombre de parties distinctes en croisant les autres joints. Les *failles* ne sont que de grandes fissures qui se propagent sur une longueur considérable et qui concordent avec le niveau des parties correspondantes. La même assise se retrouve à un niveau plus haut ou plus bas d'un côté de la fissure que de l'autre. Les points d'injection ont pour caractère principal de couper les *points de stratification* qui ne sont pas coupés par d'autres fissures ; ils ont une tendance à se prolonger sur une étendue plus ou moins grande suivant les efforts dus aux soulèvements ; ces derniers persistent dans les roches stratifiées, présentant des caractères ayant des rapports avec les grands alignements de la surface et par conséquent avec l'ensemble du modelé du terrain.

Les joints de stratification sont le résultat des contractions brusques ou lentes de l'écorce terrestre, qui rompent les assises horizontales résistantes, sous une pression de bas en haut. Le ploiement des assises détermine des cassures plus ou moins sensibles qu'on retrouve dans toutes les carrières où l'on exploite les pierres calcaires pour la construction.

On peut comparer ces cassures à celles qui se produiraient dans une glace ou un corps à surface inflexible rompue par torsion, ou bien encore dans une série de lamelles de charbon de cornue, substance homogène, rigide et fragile.

Pour observer les effets dynamiques des mouvements du sol formons un terrain stratifié artificiel, représenté par les lamelles de charbon de cornue tantôt minces, tantôt épaisses, alternées avec des feuilles de caoutchouc. Ces différentes couches, après avoir été encadrées dans un chassis qui retient leurs bords, sont soumises à une pression graduée au moyen d'une vis placée en dessous. En serrant lentement à des intervalles répétés, on produit une contraction analogue aux poussées verticales qui agissent sur les parties supérieures de l'écorce terrestre. Il se produit dans la masse des cassures insensibles, pendant que les couches flexibles cèdent sans rupture.

Quand après un serrage uniforme, on retire les lamelles du chassis où elles étaient emprisonnées, on verra que tous les joints de rupture ont une tendance rayonnante vers le centre de pression.

Ceci peut donner une idée de ce qui se passe à l'égard de l'écorce terrestre, dans les terrains stratifiés homogènes, tels que les assises calcaires. Si l'on pouvait séparer les couches calcaires les unes des autres, comme les lamelles sur lesquelles s'est faite l'expérience, on y observerait tout un système de cassures ou lithoclases, dont les grandes directions concorderaient avec celles de l'axe de soulèvement.

Les cassures du sol, recouvertes par le travail de l'érosion, sous les alluvions parfois très épaisses, ne sont visibles que lorsque le sol stratifié est découvert par la main de l'homme, comme dans les carrières d'où l'on extrait la pierre. Si l'on pouvait dénuder une assise entière avec un soin suffisant, on y découvrirait des cassures qui la parcourent dans toute son étendue.

Ces recherches permettent de déterminer la relation qui existe entre les cassures et les principaux alignements du relief du sol. Puisque les soulèvements sont une conséquence mécanique d'une poussée verticale de bas en haut, le sol doit conserver des traces du fendillement des roches résistantes, concordant avec la direction générale de soulèvement.

Affirmer que l'on rencontrera toujours les indices des alignements généraux dans la direction des lithoclases, serait prématuré. Il ne s'agit que d'études ; elles peuvent, au moyen d'un grand nombre de points de comparaison, être favorables à l'hypothèse énoncée ; mais il faut obtenir des faits précis pour plusieurs régions.

L'examen du terrain crétacé du nord-ouest de la France, met en évidence l'existence d'un grand soulèvement rectiligne orienté au N.-O. Sur le bord de ce soulèvement les couches crétacées sont inclinées suivant un angle considérable ; ce sont les falaises du pays de Bray. Cette ligne, non interrompue de collines alignées, s'observe depuis Neufchâtel en Bray jusqu'à Noailles. A partir de ce point, l'axe subit une légère dérivation et s'étend jusqu'à la forêt de Chantilly ; là il s'arrête pour reparaître à la butte de Dammartin, qui représente son dernier fragment.

En étudiant sur la carte le relief de tout le pays de Bray et de la partie nord-ouest de la Seine-Inférieure, on y reconnaît que, malgré l'horizontalité des couches, il existe de nombreux traits rectilignes affectant un parallélisme. La Canche, l'Authie, la Somme, le Bresle, l'Yères, l'Aulne et la Béthune sont des vallées parallèles, écoulant toutes leurs eaux dans la Manche. Si l'on approche ces directions, y compris surtout les falaises du pays de Bray, de la forme du bassin crétacé anglo-parisien, on voit qu'elles s'étendent dans le sens de la longueur de ce bassin ; le fond de ce bassin, dénommé aussi le Golfe Portlandien, aurait été soulevé dans direction O.-N.-O.

Tous ces détails sont visibles à la simple inspection des bonnes cartes topographiques ; on y retrouve, dans l'ensemble, comme base du parallélisme, la vallée de la Seine qui suit l'alignement O-N-O., malgré ses nombreuses sinuosités et qui est limitée de chaque côté par deux alignements généraux ; à l'est les falaises du pays de Bray (**207** mètres d'altitude) ; à l'ouest une crête de relèvement formant le point de partage entre la Seine et le ruisseau de la Vègré (173 mètres d'altitude) ; cette crête se poursuit depuis Néauple-le-Château jusqu'à Pacy-sur-Eure.

Ce modèle du terrain est le résultat d'un soulèvement survenu au moment de l'émersion du bassin, dont nous examinons les caractères généraux. L'effet mécanique de pression de bas en haut exercée sur les couches stratifiées a-t-il laissé des traces dans ces masses compactes du sous-sol ?

M. Daubrée a démontré, par des recherches effectuées dans la région sud des environs de Paris, à tous les points où le calcaire a été découvert pour l'exploitation, que les lithoclases ou cassures avaient une direction qui se rapprochait de l'axe de la vallée de la

Seine. Ainsi les cassures auraient des rapports directs avec les alignements généraux, plus qu'avec les accidents locaux du sol, ou plutôt, dans le cas qui nous occupe, aux phénomènes d'érosion.

Nous avons relevé dans la vallée de l'Oise un grand nombre de ces cassures, en profitant des carrières ouvertes principalement sur la rive droite et notamment à Méry, à Mériel, à Saint-Maximin et près de Creil. Dans quinze stations, une centaine de directions ont été déterminées à la boussole, en ne s'attachant seulement qu'aux cassures possèdant un caractère nettement déterminé et ayant au moins 4 à 5 mètres de longueur et choisissant de préférence celles où des joints largement ouverts dans la pierre calcaire, permettaient d'éviter toute confusion. Dans certains endroits, où l'exploitation se faisait à ciel découvert, il en existe qui mesurent plus de dix et vingt mètres de long ; dans les excavations souterraines, elles n'apparaissent que sur le front de taille ; il faut les sonder pour les reconnaître.

Tous ces relèvements ont ensuite été totalisés graphiquement dans une rose-diagramme, avec indication de la situation des principaux ; sur la même rose les axes des vallées de l'Oise et de la Seine ont été tracés.

Cette rose indique une direction moyenne du nord-ouest pour les observations faites dans les localités ci-dessus désignées ; cette direction est celle de l'axe de la vallée de la Seine ; il existe donc un certain parallélisme avec la plus grande dépression du bassin crétacé anglo-parisien, tandis que les directions sont perpendiculaires à la vallée de l'Oise, plus proche cependant des lieux d'observation. Il faudrait en conclure que les rapports existent avec les vallées d'affaissement comme celle de la Seine, mais non pas avec les vallées d'érosion comme celle de l'Oise. La première a subi les mouvements lents du sol ; la seconde est le résultat d'accidents superficiels.

Ces alignements concordent avec ceux du pays de Bray auxquels ils semblent faire suite, se rattachant ainsi aux grandes lignes de tout le bassin. Les longues failles de cette région représenteraient les voussoirs d'un soulèvement dont les lithoclases, cachées dans les terrains stratifiés, se comporteraient comme les joints d'une immense voûte soumise à une pression exercée de bas en haut. Au moment du mouvement lent du sol il y eut un arrêt brusque de certaines cassures par d'autres ayant un plus grand développement. Car les érosions qui ont produit les vallées s'étendent souvent dans des proportions considérables ; à côté des massifs entrecoupés de cassures plus ou moins prononcées, il existe des endroits où les terrains stratifiés sont réduits en fragments multiples. De là une désagrégation rapide par les eaux et les influences météoriques.

Les lithoclases ont donc, depuis le simple réseau de craquelé jusqu'aux grandes failles qui traversent toute une région, un commun origine dans les mouvements lents ou brusques du sol. Ces mouvements, qui se retrouvent dans chaque phase de l'histoire de la terre, ont contribué à former le relief des continents, tel qu'il se présente à nos yeux. Les cassures dues à ces mouvements de poussées, sont cachées par le revêtement des surfaces au moyen des alluvions et des effets de la végétation. Elles ne sont autre chose que la contrepartie des effets du refroidissement séculaire du globe et des effets dynamiques qui contractent l'écorce terrestre sous des formes multiples.

L'analogie entre les lithoclases et les mouvements lents qu'éprouve le sol est indiquée par la théorie nouvelle des expériences synthétiques ; mais il reste encore à multiplier les études sur le terrain et à rechercher un grand nombre de faits précis pour en déduire les principes exacts d'un système dont on entrevoit déjà les grandes lignes.

L'INFLUENCE DES RELIGIONS

SUR LE DÉVELOPPEMENT ÉCONONIQUE DES PEUPLES

Par M. Louis DESGRAND

De la Société de Géographie de Lyon

I

Pour peu qu'on observe la marche de la civilisation dans le monde, on reconnaît qu'il s'est produit un changement complet dans l'assiette économique des nations. L'Orient, qui nous considérait il y a vingt ans comme des barbares, est obligé de convenir aujourd'hui que les nations occidentales le dépassent en civilisation, en forces et en richesses.

Cet état de choses est trop satisfaisant pour que n'ayons pas intérêt à en rechercher les causes. Nous pourrons ainsi nous fortifier dans la voie qui nous a conduits au succès. Cette étude est d'autant plus indispensable, que rien n'est mobile comme le sceptre de la puissance économique. Nous l'avons vu tour à tour à Venise, à Madrid, à Lisbonne, à Londres; il incline aujourd'hui du côté de l'Amérique, régénérée par l'émigration des peuples européens.

L'extrême facilité des communications et l'ardente initiative des peuples d'Occident militent encore en faveur de cette étude. Il tombe, en effet, sous le sens que les peuples orientaux peuvent s'améliorer à notre contact et aux doctrines de notre civilisation. Rien ne les empêcherait alors de reprendre le terrain perdu; nous perdrions ainsi, faute de nouveaux pas en avant, tous les avantages de la position actuelle, résultat de 19 siècles d'efforts.

Il est à remarquer, en effet, que le progrès dont il s'agit date de l'avénement du Christ, qu'il coïncide avec le retour des populations occidentales aux croyances judaïques ou chrétiennes, qui remontent à la création du monde. Les peuples d'Orient sont, au contraire, restés dans leurs traditions, sensiblement différentes.

11

Ce fait semble donc, à première vue, établir que l'éducation religieuse a joué un rôle important dans les causes qui ont déterminé le changement de la balance économique du monde. Mais le raisonnement confirme invinciblement cette manière de voir.

C'est en effet l'éducation qui fait l'homme, et l'homme est le moteur du travail.

Or, en quoi consiste le travail de l'homme ? Dans la solution de deux problèmes, l'un d'ordre matériel : comment pourvoir aux nécessités de la vie physique ? l'autre d'ordre essentiellement spiritualiste : que suis-je ? d'où viens-je ? où vais-je ?

Tous nos actes convergent là. Dans tous les temps et dans tous les lieux, l'homme a toujours été, est et sera obligé de consacrer sa vie à la meilleure solution de ces deux problèmes. Il ne peut négliger le premier ou le second sans se mettre en opposition avec sa constitution. Son évolution sera donc plus ou moins complète et heureuse suivant que l'éducation lui aura fourni des stimulants plus ou moins actifs, à l'effet de secouer sa torpeur naturelle et son inclination au repos. L'homme en effet est un être essentiellement libre; il ne fait donc d'efforts qu'en raison de sa volonté plus ou moins infléchie dans le sens du travail.

L'importance de l'éducation ainsi établie dans son principe général, on comprend que cette éducation peut varier dans ses effets sur l'homme, sur le travailleur, suivant qu'elle appuie plus moins sur le problème d'ordre matériel ou sur celui d'ordre spiritualiste. L'éducation peut même aller jusqu'à laisser l'un ou l'autre de côté, ou les diviser pour les étudier séparément, sans permettre le moindre rapport entre eux. Elle peut aussi également vouloir les réunir, et l'on comprend sans peine que, suivant le cas, le travailleur aura été diversement influencé dans le rapport de son travail. Une revue rapide des principaux modes de l'éducation dans le monde, au point de vue religieux, nous permettra certainement de réunir à ce point de vue des documents de grand intérêt. Nous saisirons ainsi beaucoup mieux l'influence de l'éducation religieuse sur le travail de l'homme.

On compte dans le monde 1,456 millions d'âmes. Étudiées au point de vue de leurs croyances religieuses, nous les voyons divisées en deux couches, l'une de 207 millions, l'autre de 1,249.

La première n'obéit à peu près qu'aux suggestions de l'éducation naturelle, de cette lumière intuitive que chacun de nous apporte avec lui en venant en ce monde, c'est-à-dire qu'elle sait à peu près certainement qu'elle ne s'est pas faite elle-même, qu'elle a reçu la vie d'un être supérieur, vis-à-vis duquel elle admet par conséquent qu'elle a des devoirs à remplir. Elle reconnaît aussi généralement que tout ne sera pas fini pour elle à la mort, qu'elle sera punie ou récompensée suivant la valeur de ses actes dans la vie.

Mais les croyances de ces 207 millions d'êtres ne reposent que sur des traditions confuses, en dehors de toutes données révélées sans autorité par conséquent. Aussi constate-t-on que le niveau intellectuel et moral de ces êtres ne s'élève guère au-dessus de l'animal. Le besoin de manger pour vivre est le seul qui les frappe et les détermine à l'effort nécessaire à la satisfaction de ce besoin inéluctable. Mais rien de plus ; ils ne vont même pas jusqu'à prévoir le besoin de la saison prochaine, bien moins encore à se demander s'ils ne pourraient pas échanger ce qu'ils ont de trop dans les moments d'abondance contre ce dont ils auront besoin à la saison suivante. L'esprit de prévision leur fait absolument défaut.

On a assayé d'établir que ces dispositions tenaient soit au climat trop beau, soit à des terres trop fertiles. Les hommes deviennent indolents par le fait même de ce qu'ils ont moins de peine à prendre pour subvenir à leurs besoins journaliers. Mais cette thèse est insoutenable en présence de ce fait, que les 207 millions d'hommes dont il s'agit, habitent également et les pays les plus rudes et les régions les plus favorisées des dons de la nature. On remarque aussi que, lorsque les peuples occidentaux se transportent chez eux, ils y portent et y conservent leurs qualités productives aussi longtemps qu'ils obéissent aux suggestions de l'éducation supérieure qui les leur a données. Les Israélites, par exemple, sont une preuve évidente de cette assertion.

Si donc cette couche de 207 millions est aussi rabaissée, c'est qu'elle a perdu les sources d'où l'homme reçoit la vie ou, suivant le terme de Lacordaire, le *vis* qui nous détermine à l'*effort*, point de départ de tout travail.

L'état beaucoup plus satisfaisant des 1,249 millions d'hommes qui composent le surplus de l'humanité, vient encore à l'appui de ce

que nous avançons. Cette couche a un caractère remarquable d'uni-
fomité, elle obéit toute entière à des Eglises qui prétendent avoir
reçu de Dieu la vérité primitive et la conservent soigneusement
dans des documents écrits, objets de la vénération de tous et que
certains hommes se disent autorisés à enseigner au reste du
monde.

Or, il est manifeste que, dans leur ensemble, l'intelligence de
ces hommes est infiniment supérieure à celle des 207 millions dont
nous venons de parler. On constate chez eux beaucoup plus d'esprit
de prévision, un état social infiniment plus avancé, et de même
pour tout ce qui touche au côté moral de notre vie Or, à quoi
attribuer ce meilleur état de choses, si ce n'est au meilleur enseignement, à l'éducation plus parfaite que cette couche d'hommes
reçoit de la part d'instituteurs autorisés, de ministres qui croient
sincèrement tenir de Dieu, c'est-à-dire de la source de toute
lumière, les leçons de vérité qu'ils répandent autour d'eux ?

Il est vrai que ces 1,249 millions d'hommes varient sensiblement
dans les détails de leurs croyances ; mais précisément, comme la
perfection de leur travail varie beaucoup aussi, on y trouve une
preuve nouvelle de la vérité de notre thèse, à savoir que c'est
l'éducation qui fait la valeur du travailleur. Un rapide examen des
principes qui président à l'enseignement des cinq croyances qui,
en négligeant les nuances, composent l'ensemble des 1,249 millions
d'êtres obéissant à des Eglises constituées, va nous éclairer à cet
égard.

II

Nous trouvons d'abord la religion brahmanique. Elle compte
environ 140 millions de croyants du Brahmapoutre à l'Indus, et de
l'océan Indien aux montagnes de l'Himalaya. D'après les Védas,
qui forment leur *Credo*, Brahma, à l'origine du monde, a tiré les
êtres de sa propre essence et les a séparés en castes infranchissables
et de degrés divers, suivant la partie plus ou moins noble du corps
de la divinité d'où ils sortaient. Le Brahmane, sorti du front, est
le plus noble, le plus élevé ; tous les biens des autres classes lui

appartiennent de droit ; il ne doit s'occuper que du service divin et de ce qui s'y rattache.

Vient ensuite le Ksatrya, guerrier, sorti des bras de Brahma, le Vaycia, émanant du ventre, le commerce et l'agriculture lui appartiennent ; en dernière ligne le çoudra, sorti du pied de la divinité, ses seules fonctions consistent à servir les autres classes de la Société.

Cette constitution sociale étant d'origine divine n'est, naturellement, pas modifiable par la volonté des hommes. Aussi le grand législateur des Hindous n'a-t-il pu que la confirmer en établissant, entre autres, qu'à aucun prix et sous aucune condition les membres d'une caste ne pouvaient passer dans une autre, soit plus élevée, soit inférieure.

Il résulte clairement de là que le grand mobile des Européens au travail, résultant pour eux de la possibilité de s'élever aux rangs supérieurs de la société, n'existe qu'à un degré très infime pour l'Hindou ; il ne peut se réaliser que dans l'intérieur de la caste.

L'emploi judicieux des spécialités est également entravé, par suite de l'affectation à chaque caste d'une carrière déterminée ; M. de Lesseps, par exemple, s'il fût né dans la caste des Brahmanes ou dans celle des guerriers, eût pu rester simple lévite ou sous-officier de l'armée, mais il ne lui eût pas été loisible de développer les riches dons que la nature lui avait départis comme ingénieur et organisateur des plus étonnantes entreprises qu'eût encore conçues l'initiative d'un homme. Les canaux de Suez et de Panama seraient encore à faire.

Ce manque de stimulant au travail, et au progressif surtout, est encore diminué par ce fait que, se considérant, d'après ses croyances, comme émané de l'essence même de Dieu, il doit se croire parfait et ne comprend par conséquent pas qu'il lui soit possible de progresser ; on n'améliore pas ce qui est de soi-même parfait.

Au point de vue plus spécial de la richesse et du bien-être à acquérir par le travail, mobile si puissant à l'effort chez les peuples d'Occident, l'Hindou est encore arrêté par cette considération que tout ce qu'il peut acquérir ne profitera qu'à la caste privilégiée des Brahmanes. Le stimulant de l'intérêt particulier n'existe pas et ne peut donc pas exister, aux Indes, au même degré que chez les peuples chrétiens, dont les croyances sont sensiblement différentes.

Ajoutons que les croyances à la métempsycose gênent aussi considérablement l'agriculture et l'industrie. Tout ce qui a vie peut être une partie de la divinité, et il est interdit d'attenter à sa vie par un travail offensif. Les carrières si nombreuses, si puissantes si productives chez les peuples chrétiens parce que la religion en relève et en honore le but et les tendances, ces carrières aux Indes sont l'objet d'un dédain général.

Aussi le travailleur hindou s'aplique-t-il presque exclusivement aux œuvres d'art, d'esprit et de mysticisme plutôt qu'aux travaux d'intérêt positif et d'expansion internationale.

Dans ce même ordre d'idées il faut aussi remarquer que le principe du brahmanisme ne consacre le droit de propriété qu'en faveur du privilège accordé à la caste sacerdotale ; quant au respect qu'on lui doit alors qu'on la détient pour son usage, il n'en est pas question. La loi civile seule la protège en punissant le vol. Mais ces prescriptions sont absolument insuffisantes ; il résulte de là une telle incertitude du droit de propriété que les institutions de crédit sont impossibles au Bengale. Les transactions ne peuvent s'y opérer que de la main à la main, marchandise contre marchandise. Les valeurs fiduciaires qui décuplent la force du capital sont lettre morte aux Indes, en ce qui touche les rapports avec l'indigène.

III

L'état d'infériorité 'économique des populations brahmaniques s'explique donc on ne peut mieux par le fait de leurs croyances religieuses. Il en est de même, et pire encore, dans les pays où règne le boudhisme, à Ceylan, au Thibet et en Birbanie.

Sackiamouny, fondateur de cette religion, dont l'influence s'étend jusqu'en Chine et au Japon, et qui compte 340 à 350 millions d'adeptes ; Sackiamouny a fait table rase de l'organisation divine des castes. D'après sa doctrine, l'homme a droit à une complète liberté de travail, mais il est envoyé sur la terre par la cause première, qu'il ne définit pas, dans le seul but de souffrir et de se rendre absolument insensible à la douleur. Tant qu'il n'a pas atteint ce but, il revient sur la terre pour recommencer l'épreuve et arriver enfin à l'insensibilité. Il entre alors dans le nirvana, sorte d'anéantissement si complet que bien des boudhistes le considèrent comme le néant lui-même.

Tout besoin, tout désir étant de fait une douleur, et le but de la vie du religieux boudhiste étant de s'y rendre insensible, il suit évidemment de là que les conditions du travail doivent être des plus réduites parmi les populations inféodées aux croyances de Sakiamouny. En quoi consiste en effet le travail actif des hommes ici-bas, si ce n'est dans un échange constant de services réciproques, tendant à satisfaire un besoin ou un désir ? Or, agir dans cet esprit pour son semblable aussi bien que pour soi, c'est aller à l'encontre des prescriptions de Boudha ; c'est s'opposer à l'avènement à l'insensibilité parfaite.

Aussi constate-t-on que les pays soumis aux idées boudhiques sont ceux où règne la plus grande propension au quiétisme et à l'indifférence pour les choses de l'existence. Les lamasseries où l'on se réunit pour la vie mystique et contemplative y sont plus nombreuses que partout ailleurs. Elles absorbent, à elles seules, le peu d'éléments de vitalité économique que peuvent laisser subsister des doctrines aussi opposées à la production du travail et du bien-être.

IV

On est généralement porté à croire en Europe que ce que nous nommons, faute de mieux, la religion officielle en Chine a été créé par Confucius. C'est une erreur. Ce grand philosophe n'a fait que rechercher les traditions et usages du passé, persuadé qu'il était qu'on avait perdu en Orient les traces de la vérité primitive et révélée par Dieu lui-même à l'origine du monde. Ce sont, naturellement, les traditions patriarcales qu'il a ainsi remises en honneur et dont les empereurs ont fait le culte des ancêtres. Quant à Confucius, il s'attachait surtout à répandre dans les populations des idées saines et morales et de respect à Dieu et à l'autorité civile, annonçant, quant à la religion vraie et primitive, qu'elle reviendrait d'Occident en Orient.

C'est à tort également qu'on a dit, et M. le baron Hubner entre autres, que la doctrine du philosophe chinois était un athéisme. Loin de là; le Père du Halde, qui a passé toute sa vie à la cour de Pékin sous Louis XIV, et le Père Leboucq, qui vient d'y résider vingt années consécutives, en y occupant les plus hautes fonctions, sont parfaitement d'accord pour établir que Confucius reconnaissait hautement l'existence de Dieu créateur, vengeur et rémunérateur des hommes. Ce dernier résume en trois points principaux les doctrines théologiques du régénérateur moral du Céleste Empire :

1° *Dieu est l'Être des êtres, le Prince universel, la tige de tout ce qui existe. C'est la grande âme de l'univers, il préside à l'harmonie du monde.*

2° *L'âme humaine a ses facultés intellectuelles ; elles sont un écoulement de la grande âme universelle.*

3° *La mort est une séparation, une décomposition des deux substances que l'Être des êtres a unies dans l'homme. La substance matérielle retombe dans la masse des êtres physiques. La substance spirituelle remonte auprès du Grand Être et se réunit à lui.*

Un pareil corps de doctrines ne peut évidemment pas se confondre avec le matérialisme et l'athéisme. Mais ce qui est très vrai, c'est qu'il ne nous présente pas l'image d'un Dieu agissant, créant l'homme, lui assignant un but et des devoirs, un châtiment ou des récompenses, suivant que nous nous serons bien ou mal acquittés du mandat donné par la cause première.

Tout se réduit, à cet égard, à la constatation par la religion officielle du respect du passé et de ce qu'on peut voir, sentir et toucher; aux traditions patriarcales, surtout qu'on a élevées au rang de *culte* des ancêtres. Quant à cette vérité première, dont Confucius pressentait et annonçait la venue d'Occident, les empereurs du Céleste Empire n'ont voulu l'admettre qu'à la condition de se soumettre, au préalable, à la suprématie de la religion officielle. C'est ce qui a eu lieu notamment pour le bouddhisme, qu'une ambassade chinoise rapporta des Indes, croyant y avoir trouvé cette vérité occidentale annoncée par le grand philosophe ; c'est cette concession de principe de la part des docteurs boudhistes qui leur a permis de prendre racine en Chine, où leurs adhérents comptent, dit-on, pour plus d'un quart de la population.

Quant au Christianisme, comme il lui était impossible de se départir de son principe de vérité en se subordonnant au culte des ancêtres, il ne s'est développé en Chine qu'à l'état de tolérance, et sous la protection de traités imposés par la force des puissances occidentales et qui s'exécutent plus ou moins mal.

Avant comme après Confucius, c'est-à-dire aussi loin qu'on peut remonter dans la nuit des temps (cinq mille ans environ, nous voyons donc les croyances religieuses réduites, en Chine, aux traditions patriarcales et placées, pour leur sauvegarde, sous le contrôle des empereurs ; tous sans exception s'en sont servis comme machine gouvernementale, dans l'intérêt de leur politique et du principe monarchique.

Le respect du passé ou, en d'autres termes, du fait accompli, la routine ; tel a donc été depuis cinq mille ans le fond des idées religieuses en Chine. Indissolublement unies à l'autorité civile, ces idées ont formé dans leur ensemble, la direction imprimée aux esprits.

Que pouvait-il résulter de là, au point de vue du travail et des travailleurs, si ce n'est le maintien indéfini du *statu quo* ? Où donc le Chinois aurait-il trouvé l'idéal de perfection indispensable à tout progrès puisque, d'une part ses croyances religieuses ne lui en présentaient aucun modèle supérieur à sa propre raison et que, de l'autre, la politique gouvernementale agissait dans le même sens en s'ingéniant à priver ses subordonnés de tout contact avec le reste du monde, avec ces populations à qui on avait appris que pour trouver il faut chercher, que pour arriver le plus près possible de la perfection il faut que l'homme consacre tous ses efforts à passer du bien acquis vers le mieux à conquérir.

On conçoit donc parfaitement qu'avec un enseignement constamment et uniformément dirigé vers le passé, les idées et les mœurs patriarcales se soient conservées en Chine plus qu'en aucun autre pays du monde. Les ancêtres vivaient des produits de la terre ils la fécondaient avec tels ou tels procédés, tels ou tels instruments ; c'eût été manquer au respect qui leur était dû que de chercher à faire mieux qu'eux,

Le Chinois s'est donc borné à fouiller et à refouler dans tous les sens les richesses de son sol. Il est ainsi devenu le meilleur agriculteur du monde, vivant satisfait au milieu des membres de sa famille, qui l'aidaient à l'exploitation du champ, et ne pensant l'étendre, soit autour de lui, soit au-delà des limites de son pays, que lorsque, le nombre des travailleurs augmentant, il s'y trouvait contraint par la nécessité de vivre.

Quant à augmenter son bien-être relatif, soit en joignant à l'agriculture la valeur d'un commerce national et international, soit en augmentant les produits de la terre par de meilleurs instruments et de meilleures méthodes, soit en se mettant en rapport et en communauté d'idées avec les nations étrangères, le Chinois n'y a jamais pensé ; et il n'y a pas pensé parce que rien, absolument rien dans son enseignement religieux ou civil, ne tournait dans ce sens les effets de son intelligence native.

On trouve la preuve manifeste de l'influence retardatrice exercée sur les travailleurs chinois par l'accord de leur éducation religieuse et gouvernementale dans ce fait significatif, que les Japonais, leurs voisins, et tributaires se sont empressés d'adopter les idées occidentales, dès qu'ils les ont connues, tandis que, dans le Céleste Empire, les gouvernants y résistent de tout leur pouvoir.

Or, s'il en est ainsi, c'est d'abord parce que la religion shinthoïste est infiniment plus spiritualiste que la religion officielle en Chine, et aussi parce que l'autorité civile au Japon n'a pas apporté d'entraves à la libre expansion du travail et des travailleurs. Imbue de principes spiritualistes, elle a compris que ce serait nuire aux intérêts vitaux du pays que de verser dans le matérialisme.

Des trois grandes religions asiatiques, deux s'opposent donc aux progrès du travail et à la prospérité des travailleurs parce qu'elles oublient trop que l'homme ne vit pas seulement d'esprit et de lumière ; il faut encore qu'il se procure la nourriture matérielle indispensable à son existence. La troisième, au contraire, nuit à ces mêmes intérêts parce qu'elle alourdit l'esprit d'initiative de l'homme en le retenant dans les régions trop exclusivement terrestres.

V

Cent-soixante-dix millions d'hommes obéissent aux lois de
Mahomet. Ils occupent les confins de l'Asie, de l'Afrique et même
de l'Europe où ils ont établi, au xvᵉ siècle, leur centre politique et
religieux, en s'emparant du Bosphore et de Constantinople.

Le principe fondamental du mahométisme, c'est le fanatisme. Il
s'appuie sur l'exaltation des croyances portées jusqu'au plus ardent
fanatisme. Mahomet supprime toute initiative et toute autonomie.
L'homme n'est qu'un instrument passif, exécuteur de ce que
Dieu a décidé, en principe de toute éternité, et chaque année
dans les détails d'exécution. Quelque effort que puisse faire le
travailleur, quelque intelligence qu'il puisse déployer, le résulta
final de son œuvre restera toujours indépendant de sa volonté.

On comprend que, dans la pratique des faits, et l'observation
journalière en fournit la preuve, le Mahométan ne prend aucun
souci de ses besoins les plus urgents. Allah ne doit-il pas pourvoir
à tout ? L'agriculteur s'exposera à laisser mourir de faim sa femme
et ses enfants plutôt que de cultiver assez largement son champ en
prévision d'une récolte insuffisante. On se rappelle le nombre considérable d'orphelins arabes que la charité chrétienne a dû élever
lors de la dernière famine en Algérie. Qu'il en vienne une seconde,
et nous verrons les pays musulmans en souffrir dans les mêmes
proportions si leurs habitants ne s'inspirent pas, à ce point de vue,
des idées chrétiennes.

Aussi, dès que la violence, la conquête et toutes les exactions qui
s'en suivent ne viennent pas en aide aux gouvernants, on voit les
Mahométans hors d'état de satisfaire aux exigences de la vie de
harem et à l'écrasant fardeau des charges publiques. Les emprunts
succèdent alors aux emprunts et, semblable au prodigue, le Musul-
man fataliste en arrive à la ruine, en présence de ces chrétiens
qu'il traitait naguère encore avec tant d'arrogance et de dédain.

VI

Combien sont différents les enseignements du Judaïsme et du Christianisme, religions dont les origines sont identiques ! La Bible, en effet, nous montre Dieu travaillant de toute éternité à créer sans profit pour lui, et toutes les merveilles du monde et l'être à qui il en donne la jouissance, sous la seule condition de ne pas toucher au fruit d'un arbre. Puis, lorsque l'homme a péché, la Bible nous montre encore Dieu aidant le coupable à se relever, lui constituant de nouvelles ressources et lui promettant enfin un libérateur, à la condition que l'homme aimera de tout son cœur et l'Être qui le traite si libéralement et les autres hommes ses frères.

Les religions juive et chrétienne présentent donc à l'homme le salutaire et satisfaisant exemple d'un Dieu agissant et aimant. Mieux encore, il nous met dans l'absolue nécessité de travailler si nous voulons vivre (tu mangeras ton pain à la sueur de ton front). L'action, le développement de l'initiative, est donc excité chez le chrétien par le modèle que lui en fournit l'Être à qui il doit tout et par l'attrait d'une récompense infinie, éternelle, dont rien ne saurait rendre l'excellence, si nous respectons la loi de charité à son égard et vis-à-vis du prochain.

Or cette loi de charité, ce principe de dévouement et de sacrifice, bien loin d'être une entrave au travail, est au contraire un stimulant des plus actifs : c'est à elle que nous devons de ne plus travailler, comme les sauvages, dans le but égoïste de satisfaire à nos seuls besoins personnels et matériels. Les rapports économiques ne sont plus une simple exploitation des hommes entre eux ; ils revêtent un caractère humanitaire de services à se rendre les uns aux autres. De là découle un sentiment de reconnaissance, qui, sans nuire à la liberté individuelle, prédispose les travailleurs à se réunir, à s'associer pour arriver à leurs fins. Le fort y trouve la joie de penser que son œuvre servira à moins avancé que lui ; le faible se sent rassuré et, travaillant avec confiance, il le fait avec plus de succès ; pour l'un et pour l'autre c'est un stimulant à l'effort, à l'épreuve et à la capitalisation. L'égoïsme et l'esprit de jouissance conduisent au contraire à l'isolement, qui affaiblit, et à la déperdition du capital, ce puissant auxiliaire et même cet indispensable facteur du travail.

Rien ne prouve mieux la puissance de la loi de charité, en matière de développement économique, que la comparaison des résultats obtenus à ce point de vue par les Juifs et les Chrétiens.

Les premiers ont en effet, de tout temps, avant comme après la naissance du Christ, donné au principe de charité une interprétation sensiblement différente de celle définitivement adoptée par les seconds depuis l'apparition du Christ sur la terre. D'après les Juifs, c'est un principe d'égalité d'*œil pour œil*, de *dent pour dent*, qui doit régler, les rapports des hommes entre eux. Dans ces conditions, c'est le plus habile, le plus fort, le mieux outillé, qui attire à lui les produits du travail, sauf à susciter les animosités de la part des malheureuses victimes de la lutte. C'est ce qui est arrivé aux Juifs. Qu'on suive leur histoire, depuis l'arrivée de Jacob en Egypte jusqu'à nos jours, en Hongrie, en Russie, etc., on trouve que, quelle qu'ait été leur incontestable habileté, les enfants d'Israël n'ont pu asseoir nulle part leurs tentes et leurs pratiques économiques. Partout et toujours ils ont fini par perdre plus ou autant qu'ils avaient gagné. Leur nombre même ne s'est pas accru. Comme à l'époque du Christ, ils comptent 8 à 10 millions d'âmes.

Les chrétiens, au contraire, avec la large interprétation de la loi de charité, *aimer Dieu par dessus toutes choses et le prochain comme soi-même ;* les chrétiens ont constamment progressé en nombre, en civilisation et en richesse ; ils comptent aujourd'hui 400 millions d'âmes, possèdent les 27/30 de la marine marchande du monde et sont répandus sur tous les points du globe. Ils marchent ainsi à l'accomplissement de la parole divine : *unus pastor, unus grex.*

Qu'on ne croit pas que ces résultats ne s'appliquent qu'aux grandes évolutions sociales ; il est facile, au contraire, d'en suivre la trace et les effets dans les grands centres de travail, aussi bien que dans les collectivités d'ordre privé.

A Mulhouse, par exemple, les patrons sont partis de ce point de vue qu'il fallait, avant tout, se préoccuper des devoirs moraux et sociaux de leurs ouvriers. Ils ont surtout vu en eux le père de famille qui doit tenir à sa compagne, la possibilité de réunir au foyer domestique les êtres qui leur doivent le jour, et la facilité de répandre dans leurs âmes l'enseignement des principes moraux et religieux qui, réunis aux idées pratiques d'ordre, de travail et d'économie, forment le travailleur, l'élèvent et lui fournissent les moyens les plus sûrs d'arriver à la réussite qu'il peut ambitionner.

Dans cet ordre d'idées, les industriels de Mulhouse se sont entendus avec les ouvriers pour leur faire construire des logements, qu'ils leur afferment ou dont ils leur abandonnent même l'entière propriété, contre le payement d'annuités qui garantissent la rentrée du capital, frais et intérêts.

Dans ces conditions, Mulhouse est devenu le centre le plus vivace de l'industrie cotonnière, et il a toujours progressé parce qu'en communauté d'idées et de sentiments avec la population ouvrière, cette importante ville manufacturière n'a jamais connu les lamentables effets des grèves industrielles.

A Lyon, l'application du principe de charité a été sensiblement différente. Dans leurs rapports économiques avec les ouvriers, nos manufacturiers n'ont, à de rares exceptions près, envisagé que la valeur mécanique qu'on paie plus ou moins cher, qu'on emploie plus ou moins longtemps et régulièrement, suivant le besoin qu'on en a et la somme de travail produit. Quant à ce qui concerne les besoins sociaux de l'ouvrier, ses préoccupations de chef de famille, on a cru à Lyon pouvoir laisser à d'autres mains le soin d'y pourvoir en donnant libéralement, plus largement même qu'ailleurs peut-être, mais bien moins utilement. Loin de produire la paix sociale, cette manière de procéder a conduit et devait en effet conduire à la grève et à la séparation des intérêts. On sait en effet que, faute de pouvoir s'entendre, plus de la moitié des métiers lyonnais ont émigré de la ville à la campagne. Ah ! c'est que les rapports du patron et de l'ouvrier se réduisent au payement par l'un du prix d'une journée, et à l'encaissement par l'autre de l'équivalent métallique du travail produit. Or, lorsque ces êtres également libres et intelligents, ayant les mêmes besoins et les mêmes devoirs sociaux, se trouvent en divergence de vues, ils en arrivent vite, le premier à se demander si son inventaire ne s'améliorerait pas en payant moins cher ou en recourant à d'autres moyens, le second à croire qu'on ne lui donne pas ce qui lui revient. Dans de telles dispositions d'esprit on s'irrite. La moindre étincelle suffit à mettre

le feu aux poudres. L'on tue *la poule aux œufs d'or*. C'est ce qui
est arrivé à Lyon, c'est ce qui arrivera un peu plus tôt, un peu plus
tard, partout où l'on ne comprendra pas que les rapports entre les
hommes ne peuvent pas assimiler aux relations entre les *choses*. On
ne peut impunément oublier que ces dernières sont d'ordre purement matériel, tandis que les autres, se sentant une tête et une
âme, veulent qu'on en tienne compte.

Nous pourrions multiplier ces exemples en parlant entre autres
de la Compagnie des canaux de Suez et de Panama. Leur réussite
ne tient pas seulement à la grandeur de la pensée, d'autres
l'avaient eue et avaient essayé de la mettre en pratique avant
M. de Lesseps. Si lui seul a réussi, c'est surtout parce qu'il a su
parler au cœur de ses collaborateurs de tout rang, de toute portée,
en voyant en eux non pas seulement la valeur technique, mais
aussi en rémunérant la valeur particulière de l'homme social, de
l'homme marié, du père d'enfants plus ou moins nombreux, de
l'être doué de sentiment, qui a besoin, à certains intervalles, de se
retremper dans le milieu de la famille et d'affection qu'il a laissé
derrière lui, pour se livrer à un travail pénible sur la terre étrangère et dans des conditions climatériques qui ne sont pas sans danger.

Que n'aurions-nous pas à dire également en parlant de cet esprit
d'initiative et d'ardente impulsion vers la recherche du mieux qui
caractérise les peuples chrétiens, alors qu'elle fait absolument
défaut dans l'âme des sectateurs de Brahma, de Boudha, de Confucius ou de Mahomet ?

Comme les nôtres cependant, ces populations ont eu à souffrir
des influences climatériques et des fléaux de tout genre qui déci-
ment les populations. Les a-t-on jamais vues alors s'ingénier à
chercher sur d'autres continents les moyens de réparer le mal,
de l'atténuer et d'en prévenir le retour ? A-t-on jamais pensé surtout,
dans les pays non chrétiens, à se demander, alors que le spectre
de la civilisation se trouvait chez eux, s'il n'y avait pas dans le
reste du monde des peuples qu'il serait bon d'initier à la connaissance de la vérité, du beau et du bon, et n'est-ce pas à cette perpétuelle marche en avant, au passage constant du bien vers le mieux,
que les peuples chrétiens doivent de dominer aujourd'hui leurs
anciens maîtres ?

VII

Mais, ces details, nous ne pourrions les donner sans sortir des limites d'une conférence. On les trouvera, du reste, dans le livre que nous avons publiés sur ce sujet. Nous terminerons donc par quelques mots sur l'affaiblissement économique qu'entraînerait pour les nations chrétiennes, en général, l'oubli ou, pour mieux dire, la mise à l'index, l'interdit, jeté sur les sources où elles ont puisé cet espèce d'initiative qui a fait leur force. Cet affaiblissement est déjà sensible pour l'une de ces nations, et c'est de la nôtre malheureusement qu'il s'agit. A moins de vouloir, en effet, nous illusionner et méconnaître de parti pris les faits les mieux constatés, nous ne pouvons nous dissimuler que notre marche vers le progrès est infiniment moins rapide que celle de nos voisins, depuis que, prenant l'*ombre* pour la *proie,* nous avons laissé pénétrer dans nos enceintes législatives et dans nos sphères gouvernementales les idées antichrétiennes, c'est-à-dire la politique de jouissance qui rabaisse l'intelligence, énerve l'âme des travailleurs, et l'esprit d'égoïsme qui les divise, aux lieux et place de la loi de charité qui élève et fortifie en rapprochant et en associant.

C'est ainsi qu'absorbés par les idées de jouissance, si puissantes au XVIIIᵉ siècle, après les succès du XVIIᵉ, nous n'avons pas trouvé en nous la force de résister aux suggestions intéressées de nos voisins et que nous leur avons abandonné au grand préjudice de notre influence économique, nos possessions des Indes et de l'Amérique, et, si depuis lors nous sommes impuissants à réparer ce désastre, c'est que le scepticisme et le rationalisme au pouvoir ont cherché à s'y maintenir en affaiblissant la famille. La loi d'hérédité, en imposant le partage forcé et enlevant même la liberté de lotir, crée en effet aux pères et aux enfants une position des plus fausses pour les premiers et des plus dangereuses pour les seconds.

Privés d'autorité, les premiers sont presque toujours dans l'impossibilité de fonder à l'étranger des établissements de quelque importance ; il faut en effet, pour les entreprendre et les suivre avec chance de succès, une organisation d'ensemble, un concours de capitaux et d'hommes dévoués, spéciaux, intelligents. Tout cela se trouverait dans la famille. Mais comment les pères pourraient-ils y décider les enfants et oseraient-ils même le leur proposer, alors qu'ils se demandent, non sans raison, si de semblables entreprises ne seraient pas, pour ces êtres qu'ils aiment plus qu'eux-mêmes, une cause à peu près assurée de ruine ? Comment, en effet, en serait-il autrement, alors qu'un seul des intéressés a le droit absolu de réclamer la licitation légale de chacune des parties de cet édifice élevé aux frais, risques et périls de la communauté ?

Quant aux enfants, élevés comme ils l'ont été sous l'influence des idées de jouissance si répandus à notre époque, peut-on croire qu'ils trouveront encore la force d'âme et l'ampleur de vues nécessaires à la bonne gestion ou à la création de pareilles entreprises ? Et si une partie d'entre eux le voulaient, comment obtenir des autres le prêt des capitaux nécessaires ? A de rares exceptions près donc, au grand préjudice de notre expansion et influence internationale, on voit l'immense majorité de nos jeunes gens reculer devant les sollicitudes, les privations ou les risques des opérations à l'étranger. La perspective de jouissances immédiates certaines, dans un milieu aimé et connu, leur paraît infiniment préférable, ils consacrent donc, à peu près tous, leurs facultés, leur activité et leurs capitaux à des œuvres d'intérêts locaux et d'horizons rapprochés.

Ne sont-ce pas aussi ces mêmes idées de jouissances matérielles et immédiates qui, en faussant chez nous plus profondément que chez nos voisins l'application de la loi de *l'offre* et de *la demande*, nous ont plus sérieusement qu'eux aussi exposés aux ruines que les grèves industrielles traînent toujours après elle ? Appliquée, en effet, dans un esprit de charité chrétienne, cette loi apaise et concilie aisément les différends incessants de la main d'œuvre et du capital. Pratiquée, au contraire, dans des pensées de jouissance égoïste, de droit strict, en dehors de toute considération de sentiment, elle conduit fatalement à cette douloureuse disposition d'esprit, que les parties en présence aiment mieux tout perdre que de céder la moindre parcelle de leurs prétentions respectives ; aussi en arrivent-elles trop souvent à augmenter le nombre des victimes du paupérisme, cette grande et incurable plaie de notre époque.

Or, ces grèves, il est de fait qu'elles ont été plus fréquentes, plus générales, plus aiguës que chez nos voisins, parce que nous avons fait meilleur accueil qu'eux aux idées subversives qui les enfantent. Nous nous expliquons donc fort bien ainsi pourquoi notre marche vers le progrès économique a été depuis près de deux siècles relativement moins satisfaisante que dans le reste de l'Europe, et nous comprenons très bien aussi par ce fait que, ni les idées antichrétiennes se généralisent parmi les travailleurs occidentaux, ils ne tarderont pas à perdre l'avance qu'ils avaient conquise sur leurs frères d'Orient.

Une grave considération nous frappe surtout à cet égard, nous voulons parler de l'extrême déperdition de forces économiques qui ne peuvent manquer de produire les nouvelles lois sur l'enseignement primaire. Combinées avec le service militaire obligatoire pour tous, sans admission de volontariats ou sursis d'appel en faveur des professions libérales, ces dispositions rabaisseront nécessairement le niveau intellectuel du pays et porteront de nouvelles entraves à l'expansion internationale, au moment même où nos industries réclament de plus en plus l'augmentation de nos rapports commerciaux avec les pays étrangers.

Plus encore que les populations agricoles, nos grandes agglomérations ouvrières souffriront de cet état de choses. Hors d'état de subvenir aux frais des écoles libres, qui seules peuvent leur donner une instruction tout à la fois religieuse, intellectuelle et professionnelle, des pères de famille, dans ces classes fortunées, seront forcés, pour la plupart, d'accepter pour leurs enfants l'éducation incomplète, variable et servile d'un instituteur fonctionnaire du gouvernement, incapable par conséquent de développer l'initiative de ses élèves, puisqu'il n'en a pas lui-même et ne peut pas en avoir.

L'acheminement social de jeunes gens ainsi élevés ne peut manquer de souffrir : ils se verront l'objet de préventions ou de comparaisons fâcheuses de la part des dispensateurs du travail. Quant à ces derniers, leur intérêt ne souffrira pas moins. De plus en plus, en effet, ils se verront exposés aux revendications de travailleurs imbus dès leur enfance de funestes principes de l'égoïsme et du droit strict, en dehors de toutes considérations morales, et convaincus par conséquent que, dans toute œuvre exécutée en commun, les bras sont *tout;* l'intelligence, les risques et le capital *rien.*

VIII

Quelles conséquences pouvons-nous maintenant déduire de cet ensemble de faits que nous venons d'exposer ?

C'est d'abord qu'il existe un rapprochement incontestable et une solidarité parfaite entre l'épanouissement plus ou moins complet du principe religieux dans l'âme de l'homme et le développement de son intelligence.

C'est ensuite que, réunis et harmonisés en nous par l'éducation, ces deux principes de force agissent sur notre volonté et l'infléchissent dans un sens plus ou moins favorable à la solution du double problème de notre vie, suivant que les croyances religieuses que nous professons nous rapprochent ou nous éloignent davantage de la source initiale de vérité, de lumière et d'amour qui est Dieu.

C'est enfin, que, de toutes les religions connues, le Christianisme est la seule croyance qui permette de réaliser complètement ce but, parce que son essence, sa substance se confonde avec le principe de charité, l'esprit de dévouement et de sacrifice, qui rapproche, réunit et cimente, consolide par conséquent, en opposition avec l'égoïsme, qui repousse, désagrège et forcément affaiblit.

Le raisonnement est donc en tous points d'accord avec la méthode d'observation pour nous dire que le triomphe de l'Occident sur l'Orient provient surtout de la conviction, du feu sacré, de la foi ardente que le Christianisme a développés depuis vingt siècles dans l'âme des travailleurs. C'est parce qu'ils ont été, qu'ils sont encore et qu'ils seront toujours imprégnés de cet esprit, qu'ils ont défié tous les obstacles et qu'ils continueront à *transporter des montagnes.*

Priver les travailleurs d'un pareil enseignement ; leur rendre sinon imposible, au moins difficile l'accès à une éducation aussi bienfaisante et productive ; se limiter à cultiver la partie intellectuelle de leur être, ce serait donc les dépouiller de la plus considérable des forces à l'aide desquelles l'Europe et les nations chrétiennes ont établi leur supériorité en civilisation et en richesses dans le monde, et cela au moment même où nous avons le plus pressant besoin de nous armer de toutes pièces en vue de la lutte internationale devenue aujourd'hui inévitable.

Ces vérités sont de tous les lieux et de tous les temps.

Le roi-poète de l'antiquité les affirmait à Jérusalem, lorsqu'il s'écriait dans le langage propre à son temps :

Si Dieu *ne garde la maison et ne construit la ville, c'est en vain qu'auront travaillé ceux qui gardent la maison et construisent la ville* (1).

L'un des plus grands orateurs chrétiens n'a pas dit autre chose dans ces magnifiques paroles à la chaire de Notre-Dame (2) :

Deux philosophies se disputent l'empire du monde : la philosophie religieuse et la philosophie rationaliste. La première, même lorsqu'elle est mêlée d'erreurs, asseoit les esprits et fonde les peuples ; la seconde, alors même qu'elle affirme une partie du vrai, détruit ce que l'autre édifie.

Et enfin, après de telles autorités, nous permettra-t-on de dire que si, dans l'ordre matériel du monde, la loi d'atraction est indispensable pour assurer l'équilibre et les évolutions régulières des corps célestes, la loi de charité, dont Dieu est le principe initial, ne l'est pas moins dans l'ordre moral pour rapprocher, réunir, cimenter et rendre ainsi productifs les éléments divers de la grande famille humaine ?

(1) David, psaume *Nisi Deus*, etc.

(2) Lacordaire, *quarante-neuvième conférence.*

LA RÉFORME CONSULAIRE

NOTE DE M. EMILE GALLÉ

Membre de la Société de Géographie de l'Est.

M. J.-V. Barbier, secrétaire général de la Société de géographie de l'Est, donne lecture d'une note rédigée par un membre de cette association au sujet de la réforme consulaire que le Gouvernement doit effectuer prochainement, dans un sens favorable aux intérêts commerciaux du pays. L'auteur de cette note rappelle qu'un double but se propose désormais aux sociétés de géographie. A côté de l'avancement et de la diffusion des connaissances géographiques, elles peuvent, elles doivent même employer d'une façon utilitaire les moyens d'action dont elles disposent.

Les associations belges, suisses, allemandes, ont, depuis plusieurs années, tourné les efforts de leur patriotisme actif, de leur ingéniosité pratique, vers l'expansion commerciale de leur pays. Chez nous, on s'en souvient, le Congrès national des sociétés françaises de géographie tenu à Nancy, a émis un vœu relatif à la création de Chambres de commerce à l'étranger. Celui de Douai a invité le Gouvernement à élargir le choix de son personnel dans le sens des capacités commerciales. Le Congrès siégeant à Toulouse est, à son tour saisi de la question de la réforme consulaire, pendante devant une commission ministérielle.

L'auteur de cette note ne sollicite pas le Congrès de prendre parti pour ou contre certains détails administratifs qui divisent les hommes spéciaux; l'identification, par exemple, des diplomates et des agents consulaires en un seul office ou bien la séparation de ces deux carrières.

Ce que le Congrès est invité à proclamer hautement, ce sont des principes en la matière. L'auteur de cette proposition signalera ensuite au Congrès quelques améliorations qui en découlent dans la pratique.

On a partout reconnu que, « non seulement l'Etat ne saurait être accusé de sortir de ses attributions quand il assure ses bons offices au commerce et à l'industrie du pays, mais que le souci de la prospérité publique lui fait un devoir de diriger l'activité de ses agents à la surface du globe vers la protection des intérêts économiques. C'est là un principe qui fait presque uniquement, continuellement et effectivement aujourd'hui le fond des relations internationales de certaines nations (1). »

Ces bons offices, vis-à-vis du commerce et de l'industrie, cette culture des intérêts économiques, ont pour moyens d'action des institutions propres à l'Etat, et dont l'organisation répond actuellement plus ou moins bien, chez les différents peuples, aux changements considérables qui se sont faits dans le monde des affaires, aux modifications incessantes des marchés, surtout à la nécessité pour certains peuples producteurs de remplacer les terrains usés par la culture de pays neufs et lointains.

De là cet accord à attribuer une importance capitale et toute moderne à la mission consulaire. Partout on se préoccupe de diriger l'action des consuls du côté des intérêts économiques. Dans le plus grand nombre des postes, la protection et le développement de l'industrie et du commerce de la France, tel doit être, semble-t-il, à l'avenir, le principal soin qui s'impose à nos agents. A l'exemple des consuls belges, suisses, anglais, américains, italiens, allemands, ils ne doivent pas rougir de se considérer comme les représentants du commerce national.

C'est un principe que le Congrès n'hésitera pas à affirmer.

Mais s'il est vrai, comme on l'assure, que nos consuls n'ont pas été préparés à cette utile mission par des études spéciales, *études nécessaires pour la remplir dignement*, il paraît évident qu'il faut étendre au plus tôt les programmes d'enseignement et d'admission à la carrière consulaire dans le sens des aptitudes commerciales, insdustrielles qu'il faut exiger des postulants une solide instruction spéciale et une somme suffisante de pratique, un stage dans un grand centre industriel, dans les bureaux d'une chambre de

_____

(1) *Bulletin de la Société de Géographie de l'Est*, 1884, 1er trimestre, p. 128.

commerce importante, la production d'une thèse sur des questions économiques désignées par le ministre. Il faudra tenir sévèrement fermés les consulats aux non-valeurs de la politique.

Il serait bien de faire entrer en ligne de compte le diplôme de sortie de l'*Ecole des hautes études commerciales* dans l'examen pour l'entrée de la carrière consulaire. Au besoin, des emplois stagiaires dans les consulats, comme secrétaire, pourraient être réservés aux premiers élèves sortis de cette école.

La préparation aux postes d'Orient, et surtout à ceux de l'Extrême-Orient, sera plus complète que par le passé en ce qui concerne les langues et le commerce. La fondation d'un *Institut Oriental*, à l'exemple de ce qui existe en Autriche, serait le seul moyen de former des consuls vraiment spéciaux pour l'Orient.

Les consuls d'Orient seront préparés à ne pas considérer la mission consulaire et la politique commerciale, comme d'ordre inférieur, ni eux-mêmes comme les diplomates en expectative.

Les hommes spéciaux des divers pays ont jugé que l'organisation consulaire de la France n'est pas mauvaise en principe, au contraire. Le Congrès estime donc que la réforme doit, surtout, porter sur la direction des agents vers une activité pratique, notamment dans la mise à exécution des ordonnances ministérielles qui, depuis 1883, ont réglé leurs attributions économiques.

Le Congrès n'ignore pas que la création d'un personnel répondant à des exigences nouvelles par une éducation *ad hoc*, ne saurait être l'œuvre d'un jour. Aussi, tout en formant des vœux pour que cette œuvre d'instruction consulaire, d'un intérêt capital, soit l'objet de la constante sollicitude du gouvernement, il estime qu'en attendant il serait urgent de créer, dans les postes les plus importants, pour les intérêts commerciaux du pays et même dans les chamelleries un secrétariat spécial à ces matières et à la politique commerciale. Ces postes de confiance seraient réservés à des hommes pénétrés de la connaissance exacte des affaires, versés dans l'économie politique et munis d'une solide instruction spéciale, technique et pratique.

L'Etat ne devra pas reculer devant la nécessité démontrée de rémunérer suffisamment des emplois de ce genre, afin d'assurer la dignité et l'indépendance absolue de ces fonctionnaires importants.

Il n'hésitera pas à installer nos consuls comme le font les autres nations, d'une façon digne des intérêts qu'ils représentent, dans des locaux convenables, situés à portée des affaires, au milieu des grands centres et du mouvement industriel et commercial du monde (1).

Le gouvernement devra se montrer aussi exigeant que ceux de de la Belgique, des Etats-Unis et de l'Allemagne, en ce qui concerne l'envoi de travaux, conçus, non pas tant dans un but scientifique et rétrospectif ou bien dans un esprit littéraire, que dans un sens modestement pratique et même terre-à-terre. Sur ce point on ne saurait trop insister pour que les rapports des consuls américains et belges soient pris par les nôtres comme modèles. En effet, pour être utiles, les rapports consulaires doivent fournir une expression minutieuse, complète, monographique, de l'état industriel et commercial du district dans lequel réside le consul. Ces travaux doivent être fournis, non-seulement annuellement, mais encore mensuellement, et, dans certains postes, sous forme de bulletins hebdomadaires. Ces informations, données avec précision et rapidité, doivent recevoir la plus grande publicité, en dehors de celle que peut donner le *Moniteur officiel du commerce*, lequel ne saurait toujours venir sous les yeux des intéressés.

Le Congrès adhère pleinement à la création utilitaire de musées d'échantillons commerciaux, à leur organisation pratique chez nous, à l'instar des collections de Bruxelles, de Stuttgard, de Berlin, dont on paraît apprécier fort les services. Le Congrès espère, pour cela, que les subventions de l'Etat rendront possible au Consul

---

(1) M. Lourdelet, envoyé en mission commerciale aux Etats-Unis l'an dernier, exposait, à son retour, devant la commission d'enquête sur la réforme consulaire, commission dont il faisait partie, que dans un des centres d'industrie et de commerce les plus considérables du monde, il avait eu beaucoup de mal à découvrir le bureau du Consulat français. Le quartier était éloigné des affaires, l'entrée des bureaux difficile à trouver, placée à un troisième ou quatrième étage, le local mesquin, le mobilier presque sordide ; en fait de sièges, le consul lui montra deux misérables chaises de paille. Sans demander la prodigue mise en scène des consulats anglais, il faut reconnaître que, dans certains milieux, des économies exagérées sont d'un effet déplorable. C'est l'enterrement toute vive de notre influence.

l'accomplissement des circulaires ministérielles en ce qui re-
garde l'acquisition d'échantillons commerciaux, de produits en
nature faisant l'objet, dans leur cercle d'activité, d'un trafic important ou même d'une concurrence, par fois déloyale aux produits
français.

Enfin, le Congrès approuve pleinement le système de l'avancement
sur place. L'exemple des Foreign-offices anglais, belges, suisses, etc.,
qui évitent obstinément les mouvements administratifs dans les
Consulats, est fort bon à suivre.

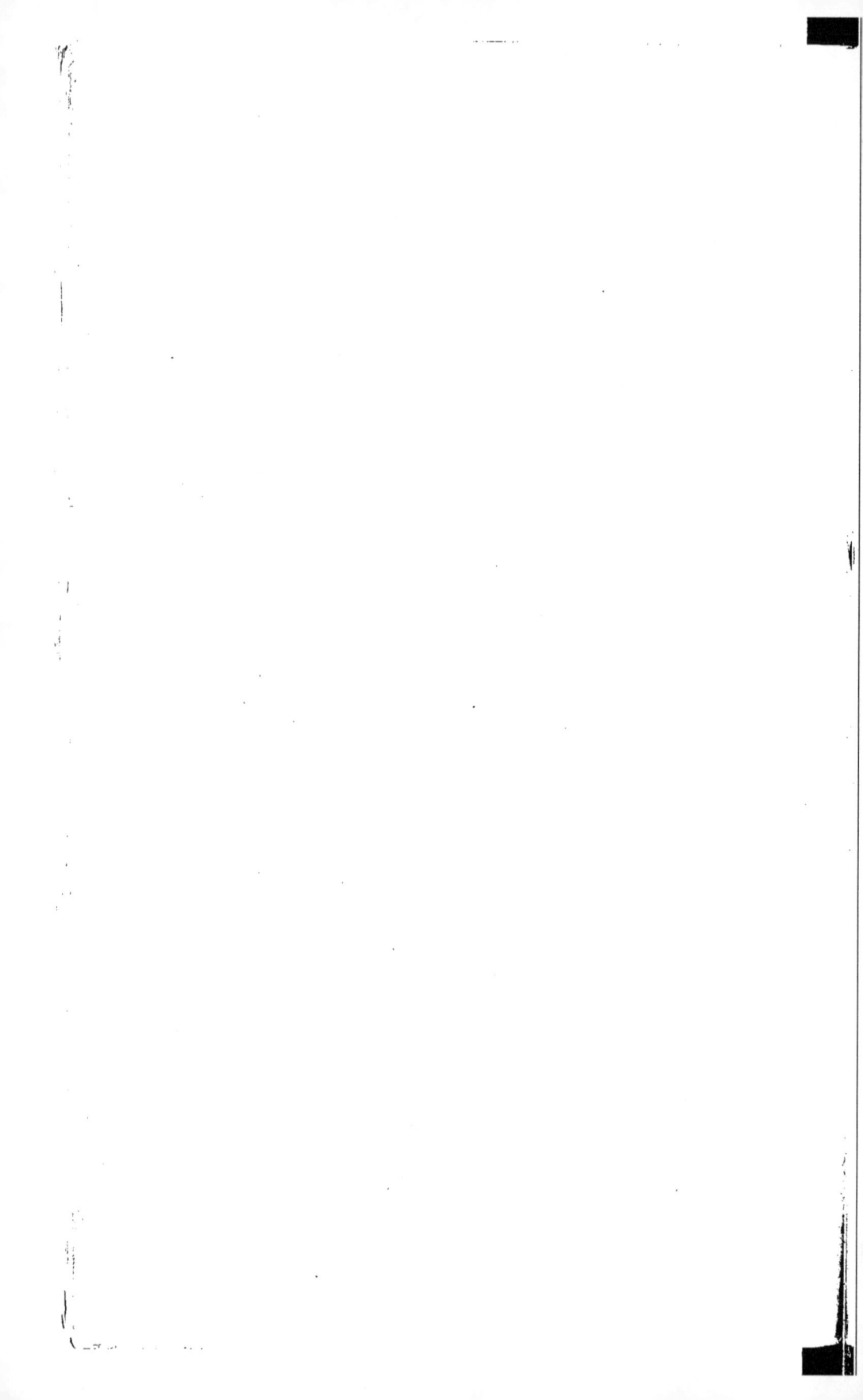

RÈGLEMENT

DES

CONGRÈS NATIONAUX

DES SOCIÉTÉS FRANÇAISES DE GÉOGRAPHIE

ADOPTÉ LE 9 AOUT, SUR LA PROPOSITION DE M. BARBIER

De la Société de Géographie de l'Est.

I. — Tous les membres des Sociétés françaises de Géographie sont admis à faire partie du Congrès national.

II. — Le Congrès tiendra sa session annuelle au siège de l'une des Sociétés, laquelle sera chargée de l'organisation.

III. — Chacune des Sociétés françaises de Géographie déléguera spécialement pour la représenter au comité du Congrès, un de ses membres muni de ses pouvoirs.

IV. — Les délégués des ministères et des Sociétés qui ont certaines études communes avec les Sociétés françaises de Géographie pourront prendre part aux travaux du Congrès. Seuls, les mandataires des Sociétés de Géographie précitées constitueront le Comité du Congrès.

V. — La session du Congrès pourra durer de cinq à six jours consécutifs. Autant que possible, la Société organisatrice devra éviter de l'entrecouper par des excursions.

VI. — Lorsque la Société appelée à recevoir le Congrès aura

organisé une exposition, un jury local sera formé par ses soins pour préparer les opérations du jury définitif.

VII. — Durant la session, les membres du Congrès, suivant leurs aptitudes, seront répartis dans les diverses sections pour constituer le jury définitif.

VIII. — Ne pourront faire partie du jury les membres du Congrès qui sont exposants personnels, s'ils ne sont mis hors concours, au moins dans la section dont ils font partie.

Toutes les expositions collectives seront, pour les récompenses accordées, mises hors concours.

Il est entendu, toutefois, que les membres isolés de ces collectivités auront droit à concourir aux récompenses à titre personnel.

IX. — La session s'ouvrira par une séance générale dans laquelle seront prononcés les discours de cérémonie.

Dans la séance générale suivante et dans l'ordre d'ancienneté des Sociétés françaises de Géographie, le délégué de chacune d'elles fera l'exposé sommaire de ses travaux.

X. — Les comptes-rendus des autres Sociétés se feront à la suite et dans l'ordre précité. La lecture des rapports ne devra pas durer plus d'un quart d'heure.

XI. — Une fois ouvert, le Congrès tiendra une séance le matin et une l'après-midi.

Les séances du matin seront exclusivement consacrées aux travaux sujets à discussion.

Celles de l'après-midi comprendront les communications diverses.

Il ne pourra être dérogé à cette disposition qu'en cas de force majeure ou quand il y aura surcharge à l'une des séances au détriment de l'autre.

Il pourra être organisé, suivants les besoins, des séances du soir pour des conférences spéciales.

XII. — La Société organisatrice sera chargée de pourvoir aux services du secrétariat et de la publicité.

XIII. — Afin d'éviter les surcharges d'ordre du jour et de conserver aux délibérations du Congrès leur caractère absolument géographique, les personnes qui auront des communications à faire, devront en donner au préalable le titre et, au besoin, le caractère défini, à la Société organisatrice.

XIV. — Les ordres du jour seront préparés par le bureau de la Société organisatrice.

Si dans le cours de la session, sous un titre géographique, il est présenté un travail ayant un tout autre objet, la parole sera retirée à son auteur après consultation de l'assemblé par le Président.

XV. — La présidence des séances du matin, comme celles de l'après-midi, revient de droit aux délégués officiels des Sociétés de Géographie et par ordre d'ancienneté de chacune d'elles. Il ne pourra être dérogé à cette règle que sur l'avis du comité du Congrès.

XVI. — Si des délégués du gouvernement, des membres des Sociétés étrangères de Géographie sont présents, à titre officiel ou non, la présidence d'honneur de l'une ou l'autre séance pourra lui être offerte.

Le bureau de la Société pourra présenter comme vice-présidents ou assesseurs les représentants des Sociétés, Académies, Administrations ou Institutions locales.

XVII. — L'ordre du jour et l'organisation du bureau des séances supplémentaires du soir sont réservés à la Société organisatrice.

XVIII. — Toute question admise au Congrès sera traitée en séance de discussion générale. Les vœux qui pourront être formulés seront tous renvoyés au comité composé uniquement des délégués spéciaux des Sociétés de Géographie à raison de un par Société. La décision du comité pour l'acceptation ou le rejet des vœux sera souveraine.

En séance générale de clôture, le Président du Congrès fera connaître les vœux que le comité aura maintenus.

XIX. — A chaque session, le Congrès désignera la Société qui devra le recevoir à la session suivante. Cette désignation devra être faite, quand il sera possible, deux ans à l'avance.

XX. — Le Président de chaque séance sera chargé d'assurer l'exécution du présent règlement et de prendre toutes les mesures nécessaires pour maintenir la régularité de la marche des travaux.

XXI. — Un exemplaire du présent règlement sera distribué à chacun des membres du Congrès à la séance d'ouverture de chaque session et sera déposé en permanence, par les soins de la Société organisatrice, sur le bureau de l'assemblée.

Le présent règlement a été délibéré et arrêté par le Congrès réuni à Toulouse et dûment saisi, dans la séance du 9 août 1884.

TABLE DES MATIÈRES

Procès-verbaux sommaires des séances

Rapports

FIN DE LA TABLE.

Toulouse. — DURAND, FILLOUS & LAGARDE Imprimeurs, rue Saint-Rome, 44.

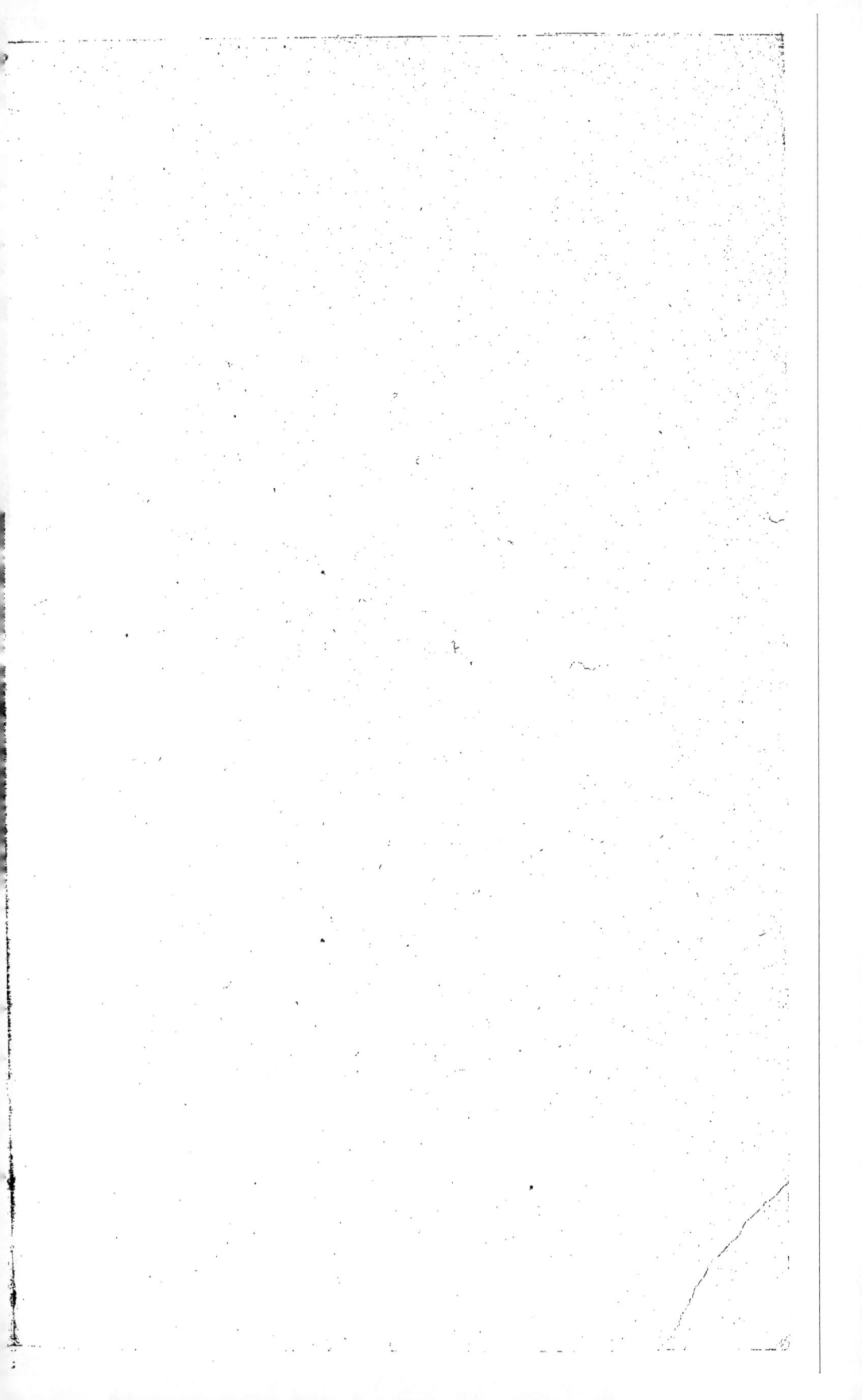

Toulouse. — DURAND, FILLOUS & LAGARDE Imprimeurs, rue Saint-Rome, 44.

www.ingramcontent.com/pod-product-compliance
Lightning Source LLC
Chambersburg PA
CBHW060028100426
42740CB00010B/1644